海底捞

U0740123

向管理要粮

火锅巨头的经营之道

映 哲◎著

电子工业出版社
Publishing House of Electronics Industry
北京·BEIJING

图书在版编目（CIP）数据

向管理要粮：火锅巨头的经营之道 / 映哲著. --
北京 ：电子工业出版社，2023.9（2025.11重印）
ISBN 978-7-121-45842-2

Ⅰ．①向… Ⅱ．①映… Ⅲ．①连锁企业－企业经营管理 Ⅳ．①F717.6

中国国家版本馆CIP数据核字（2023）第115602号

责任编辑：王小聪
印　　刷：河北虎彩印刷有限公司
装　　订：河北虎彩印刷有限公司
出版发行：电子工业出版社
　　　　　北京市海淀区万寿路173信箱　　邮编：100036
开　　本：880×1230　1/32　印张：9.5　字数：197千字
版　　次：2023年9月第1版
印　　次：2025年11月第2次印刷
定　　价：69.00元

凡所购买电子工业出版社图书有缺损问题，请向购买书店调换。若书店售缺，请与本社发行部联系，联系及邮购电话：（010）88254888，88258888。

质量投诉请发邮件至zlts@phei.com.cn，盗版侵权举报请发邮件至dbqq@phei.com.cn。

本书咨询联系方式：（010）68161512，meidipub@phei.com.cn。

推荐序

炎炎夏季，正在重庆筹备额尔敦重庆第一家火锅店的开业事宜时，我接到朋友的电话，他嘱我为本书作序，并将全书的电子版发我阅读。

额尔敦是从内蒙古走出来的火锅品牌，海底捞则是从四川走出来的火锅品牌，额尔敦已经走进了四川，海底捞也走进了内蒙古。

海底捞的个性化服务最为出名，也引得餐饮同行争相学习，但具体怎么学、学习什么，都需要企业自己来把握，因为每个企业都有自己的"DNA"，都有自己的文化。

刚翻开这本书时，我以为这是海底捞创始人张勇的个人传记，可读着读着，我发现这本书涵盖了海底捞经营管理的方方面面，还穿插了许多真实案例。

"连住利益，锁住管理"这8个字，是本书的核心！

本书以时间为轴、以开店为中心、以拓展为驱动，介绍了张勇和海底捞团队如何将海底捞做大做强的全过程。"连住利益，锁住管理"贯穿全书，也是本书最值得学习的精髓！

书中诸多的真实故事，都是作者亲自采访海底捞员工记录下来的。哪怕只是轻描淡写、寥寥数笔，我也能够从字里行间感觉到海底捞开店的艰难和创业的艰辛。从这些受访的员工口中，我能深深地感受到他们在海底捞工作的自豪，这也正是海底捞值得我们学习的地方：每个员工都以在海底捞工作为荣！

员工们为自己的付出而自豪，因为他们依靠自己的双手实现了自我价值，获得了尊严，改变了命运！虽然这些员工都是普通人，可他们的奋斗历程不普通，付出的汗水与泪水不普通，对自身服务顾客的高标准、高要求不普通！

海底捞是新闻报道与热搜榜的常客，相信读者们也多多少少对它有一定的了解，但许多在报道中体现不出来的内容，或许更值得我们通过这本书去仔细品味。

希望读者们、管理者们、学者们、餐饮同行们能在本书中有所收获。

内蒙古额尔敦餐饮管理有限公司总经理

郭永刚

2023 年 6 月于重庆

对海底捞，从在幸福巷开小辣椒麻辣烫开始，我几乎见证了它发展的全过程。

2009年，听说有位黄铁鹰教授写了一本书叫作《海底捞你学不会》，当时我没读过，但我本能地质疑：世界上没有什么学不会的东西，制造核武器都可以学会，海底捞开个火锅店有什么学不会的？！

2011年，有一次在北京出差，一个同事邀我顺道参观了海底捞北京朝阳门店，我们与张勇聊了一阵。正是因为那次闲聊，我才弄清楚张勇原来是我一位中学老师的儿子，才把这个火锅巨头与我的老师联系起来，才逐渐对海底捞产生了浓厚的兴趣。

于是我精读了《海底捞你学不会》，被里面的人物深深地吸引，尤其被普通员工的创业故事深深感动。同时，我也为张勇把火锅店开遍全国乃至全球，做成一个大产业所折服。

我开始关注海底捞，有意识地搜集海底捞的相关资料。除了张勇和他的伙伴们有时找我聊天，我也主动找机会同海底捞的一些员工进行交流。原本不吃火锅的我，渐渐地把海底捞作为外出用餐的选择之一。

在阅读《海底捞你学不会》的同时，我也阅读了提及海底捞的其他著作。黄教授写书时，海底捞不过有20多家门店，再版时（2015年）也不过有160多家，还没有达到发展高峰。其他著作也大多在海底捞上市之前出版，对于海底捞上市之前的冲刺以及上市之后的裂变，尤其对于海底捞从一个火锅店到一个产业，再到一个大生态布局的发展，都没能全面反映。于是，我围绕海底捞写点什么的想法由萌芽发展到一种冲动。

2018年后公司的成功上市和全球化拓展，让海底捞实现了新的蝶变。我认为自己这个时候来写，从时机上讲，更有利于读者系统、全面地了解现在的海底捞。

我花了两年多工夫，搜集了上百万字的材料，才对张勇讲了我的想法。张勇总体表示支持：他可以授权，但不出钱、不站台。

张勇曾经问我："你为什么要写海底捞？"我说："这完全是一种情结，因为海底捞是从街边小店成长起来的，你是从我们身边走出去的，更关键的是一大帮农村娃娃在你的带领下，勇闯天涯，不仅靠开店改变了命运，还留下了不少既让人落泪、又催人奋进的动人故事，描绘了一幅从街边到天边的创业画卷。"

写作此书，我确实遇到过诸多难题。因为彼此知根知底，我有几滴墨水他们都知道，不太好渲染我要写书，也不好一本正经地说要采访。因此，我对大量的材料消化吸收不够，尤其是张勇的很多观点、主张，我都很难做到全方位理解。这样，好处是很真实，让张勇说海底捞，比谁都有说服力。

以什么样的体裁、方式组织材料和表述内容是一个很大的难题。在多次与出版社编辑沟通后，我才确定了写作方向和模式。通过这本书，我希望能尽量从更多的角度去讲述海底捞的故事，让更多的人可以对海底捞有更深入的了解。

写作本书，我首先要感谢张勇。感谢他对我的信任，让我把他作为研究对象，把他的事业作为研究课题，为我的写作一路亮起绿灯。感谢张勇的母亲孙佳素，以及张勇的妻子舒萍对我的理解与支持。

感谢张勇的合伙人、同学施永宏及其妻子李海燕。他们为我提供了大量资料，其朴实、厚道、豁达、大度让人敬佩。

感谢杨利娟这位从服务员到 CEO 的女强人。她的外柔内刚、低调务实、任劳任怨、执着坚持让我感动。

感谢海底捞的副总经理苟轶群。这位大学教师出身的财务总管，资金管理、资本运作都一丝不苟、科学严谨，与人交谈却不显高冷，始终笑得阳光灿烂，给人不一样的感觉。

感谢海底捞前首席战略官周兆呈。这位传媒专家足智多谋、平易沉稳，对稿子提出了不少建设性意见。还要感谢《海底捞文化月刊》编辑部，我引用了这份内刊刊登的不少故事和翔实资料。

感谢我所采访过的店经理（店长）。他们的故事让我感动，他们的精神让我敬佩！要特别感谢刘业英店长，感谢她随时接受我的采访和咨询。还要感谢所有接受我采访的员工。他们在提供热情周到服务的同时，还不厌其烦地回答我的问题。

感谢汉卿、坚源老师的指导和帮助。

感谢曹榆老师为书稿的体裁与结构、统筹与完善所倾注的大量心血。

感谢陈永、凌准、俊清、尹涛、建中、方吉、华伟、强普、宇声、竣领、子豪、叶鹏、黄仪从不同角度给予的支持。

感谢乔木、杨玲、蒲娟、白娟、小曹在录音整理、录入、打印、清稿、校对方面所做出的努力。

本书在写作过程中引用了相关文献资料和研究成果，在此向各位研究者表示深深的感谢。

本书得到上述人士的帮助，最终成文，体现的是我个人对海底捞这家企业从外部的观察和理解，如有不准确之处，容今后再进行修正完善。

有一种火锅叫海底捞。

海底捞是一家火锅店，更是一个传奇。

海底捞是一个快速成长的中式餐饮品牌，主打火锅品类。这个从四川简阳走出的本土品牌，在国内餐饮业已经成为一种独特的文化现象，极致服务和就餐体验的代名词。

不可否认，超预期服务体验是海底捞的独家法宝，但其成功绝非仅靠"服务"。

翻开海底捞的发展史，不难看出其经历了一个由量变到质变的波浪式前进、螺旋式上升的发展过程。创立以来，海底捞致力于解决产业规模化、食品安全标准化的行业痛点，建设性地创造出了"连住利益，锁住管理"的新连锁经营模式，以及

一手抓经营，一手抓管理，两手都要抓，两手都要硬的高质量增长模式。

"连住利益"是指高度统一员工与公司的利益，充分激发由下而上的增长活力；"锁住管理"是指系统性地确保战略方向并控制食品安全风险及系统风险，为海底捞长远发展保驾护航。海底捞坚信，这种模式可以跨越文化和地区边界，满足人们的普遍追求。现在，这种模式已成功运用于中国及海外市场。

根据沙利文报告，按 2017 年年收入计算，海底捞在中国和全球的中式餐饮中均排名第一。海底捞国际控股有限公司于 2018 年 9 月在香港主板 IPO 上市，其股票代码为 HK06862，发行价为每股 17.8 港元，募集资金 72.69 亿港元，刷新了中式餐饮企业公开募集资金的全球纪录。

经过 29 年的奋力拼搏，海底捞已不仅仅是一家火锅店，其身后的掌门人张勇，亦不只是一个简单的火锅店老板。他抓住了火锅这个关键，打通上下游供应链，完成了全产业链布局，包括人力资源体系，底料生产，方便速食产品生产，蘸料、调味料生产，物流运输，装饰装修，食材采购、生产加工和供应，以及实现新技术合作开发应用等。

截至 2022 年 12 月 31 日，海底捞在国内外经营有 1482 家门店。

海底捞创立 29 年来，一步一个脚印，逐渐从简阳走向了全国，乃至海外。其发展过程中的重要里程碑如下：

1994 年，在四川简阳开设首家海底捞餐厅。

1999 年，走出四川，进驻陕西省西安市。

2002 年，进驻河南省郑州市。

2004 年，进驻北京市。

2006 年，进驻上海市。

2010 年，自营外送服务"海底捞外送"正式上线，创建海底捞学习发展中心。

2011 年，创办简阳通材实验学校，蜀海供应链成立。

2012 年，海底捞首家海外门店——新加坡克拉码头店正式营业，开启全球化扩张道路。

2013 年，进驻美国市场，美国洛杉矶阿卡迪亚店正式营业；颐海国际控股有限公司在香港注册。

2014 年，进驻韩国市场，韩国首尔店正式营业。

2015 年，进驻中国台湾、日本市场，微海管理咨询公司正式成立。

2016 年，炳文书馆正式运营，颐海国际在香港联合交易所有限公司正式挂牌上市。

2017 年，进驻中国香港市场，海底捞服务顾客超过 1 亿人次。

2018 年，海底捞首家智慧餐厅在北京正式营业，海底捞国际控股有限公司在香港联合交易所有限公司正式挂牌上市，海底捞超级 App 上线。

2019 年，海底捞继续发展全球门店网络，已覆盖亚洲、北美洲、大洋洲、欧洲等海外市场;海底捞亲子陪伴工程成立。

2020年,决策咨询委员会正式成立;海底捞开设第1000家火锅餐厅;张勇发表致全体员工的公开信,海底捞接班人计划正式实施。

在张勇的带领下,海底捞这些年来荣誉不断。

2006年至2021年,连续被中国烹饪协会评为"中国餐饮百强企业",2020年排名首超金拱门。

2008年,被中国烹饪协会授予"中华名火锅"称号。

2009年、2010年,被大众点评食尚盛典评选为"年度最受欢迎餐厅TOP50"。

2011年5月,"海底捞"被认定为中国驰名商标。

2011年,分别获得中国烹饪协会颁发的"2011年度最佳服务奖"、中国人民大学商学院颁发的"人力资源最佳实践奖",被《商界评论》评为"最佳商业模式"。

2014年至2016年,均被中国烹饪协会评为"年度中国餐饮业十大火锅品牌"。

2015年、2016年,均被中国烹饪协会评为"年度'中国服务'十佳品牌企业"。

2018年,海底捞新加坡乌节路店、韩国明洞店被大众点评评为"2018大众点评年度好评商户"。

2018年12月,被2018中国餐饮品牌力峰会组委会评为"2018年度中国餐饮品牌力百强品牌"。

2019年,获2019彼得·德鲁克中国管理奖评选委员会颁发的"2019 彼得·德鲁克中国管理奖"。

2019 年 3 月，被德勤评为"中国卓越管理公司"，是本次入选榜单中的唯一一家餐饮服务企业，后连续四年获奖。

2019 年 6 月，获《联合早报》与新加坡中小企业协会联合颁发的"新加坡金字品牌奖（SPBA）2019 中国十大行业领军品牌"荣誉称号。

2019 年 7 月，被中国餐饮营销力峰会评为"2019 中国火锅十大品牌"。

2020 年 8 月，被英国品牌评估机构——品牌金融（Brand Finance）评为"2020 全球最有价值的 25 个餐厅品牌"，排名第 9 位。

2020 年 11 月，被胡润研究院评为"胡润中国 500 强民营企业"。

2021 年 12 月，入选波士顿咨询公司（BCG）携手《财富》杂志创建的"未来 50 强排行榜（Future 50）"榜单，排名第 26 位。

2021 年 12 月，被红餐网评为"2021 中国餐饮品牌力百强"。

在高度分散的餐饮市场，面对激烈的市场竞争，海底捞能够获得这些成绩，确实是一个商业奇迹。强劲实力之外，"有一种服务叫海底捞""火锅只有两种，海底捞和其他"更是被广为传颂。

深入剖析海底捞的经营管理之道，挖掘其背后的商业逻辑，不但有助于认识海底捞，而且能为创业者及其他企业在项目选择、经营与管理模式创新、技术进步等方面提供借鉴。

本书共分为海底捞奋斗、商业模式、员工逻辑、生态布局、差异化战略、营销策略、全球化征程、上市之路等八个部分，对海底捞发展历程、组织架构、业务体系、企业文化、客户经营、品牌建设、竞争策略等进行全方位的呈现，尽量采用近年来发生的真实案例，分析揭示张勇的经营哲学及海底捞的管理哲学，让读者在轻松的阅读中感觉有趣并有所收获。

目　录

▼

第一章

四川走出个海底捞

　　要了解海底捞，必然要了解海底捞的创始人张勇。海底捞最初只是简阳县城的一家火锅店，一路发展到今天，与张勇的经营智慧和个人魅力是分不开的。我们可以从张勇的成长历程与发家经过中，窥见一些海底捞成功的秘诀。

第一节　少年张勇：我就是想做生意

"我出生在四川一个普通的工人家庭。"

——张　勇

一、出身平凡

张勇的父亲是四川手扶拖拉机厂的厨师。他的母亲是一名小学教员，师范毕业以后，被分配到四川简阳市云龙区平息乡第二小学（以下简称"平息二小"）。简阳是川中丘陵的农业大县，距成都市区约80公里，而平息二小坐落在很偏远的平息乡新华村二组，距县城有40多公里，距乡上有十余公里，距村上有两三公里。学校用的是解放初期农会的房子，结构是干打垒泥墙和竹编抹泥刷石灰的编泥墙。泥墙开裂后，睡在床上就可以看见学校后边坡上放牛吃草的风景。

张勇的母亲分得的住房是将一间编泥墙大屋子隔断成四间小屋子的一间，中间隔墙只有两米高，四家人说话相互都能听见，踩在小板凳上就可以看见隔壁家全部光景。学校墙外是一个面条加工坊，隔壁是一家农户。农户的猪圈和教室只用一块石板隔断，靠着猪圈上课的老师和学生每时每刻都能闻到浓烈的猪粪味，农户骂小孩，还有猪哼狗叫也都能听得清清楚楚。学校用的是井水，点的是煤油灯，没炊事员，老师轮流做饭。学校周围连机耕道都没有，县上的公路虽通到了乡上，但没有开通客车。张勇的父亲每次探亲都是骑着自行车从县城出发，到离学校几公里的山垭口再扛起车翻山越岭走到学校。过了一段时间，他与附近的人熟了，才把自行车放在山垭口一户农家，然后步行到学校。

1970年，张勇出生在母亲工作的平息二小。那时候，学校从小学到初中一共只有八个班（每个年级一个班），女老师只有张勇的母亲一个人。临产的时候张勇的父亲在城里，只得由一位叫侯世武的男老师（张勇母亲的同学）帮忙打理。附近没有诊所，侯老师只能跑到乡上去请助产员。三天以后学校一位叫刘德之的老师到区上开会打电话，张勇的父亲才骑车赶到学校。后来每当想起这事，张勇的母亲就非常激动："那时候条件真差，真要感谢侯老师。按照风俗习惯，男同志是不愿意进产房的。所以前两年，我还专门去请侯老师吃饭，向他表示感谢。"

五年以后，张勇的母亲被调到了距县城十多公里的新和乡小学，很快有了张勇的弟弟，家里的负担很重。

又过了几年，张勇母亲才被调到距县城三四公里的绛溪小学。虽然每天早出晚归，但那个时候全家六口人，父母、奶奶、张勇和两个弟弟终于在县城团聚，一家人同另外四家人住在一个典型的城中村大杂院里。

张勇有个邻居是国营旅馆经理，他家在张勇眼里是当时生活最好的一家了。之所以是"生活最好的一家"，不外乎他们家的钱多一点，物质条件好一点，精神面貌就好一点，给人们的印象也好一点。张勇还有一个邻居詹婆婆，她家是做熏鹅生意的，生意做得很辛苦，但她家赚了钱，日子过得殷实，在社会上还有了点名气。那时候张勇就明白，要把日子过好，要改变命运，他得有钱，靠双手去挣钱。这个观念贯穿了张勇的整个人生目标，乃至海底捞的核心价值观、使命、愿景！

二、与众不同

与同龄孩子相比，张勇有些不同。别人玩耍时，他常躲在屋里听收音机；别人嬉戏打闹时，他躲到旁边翻报纸或发呆；别人躲着大人，他却凑过去"摆龙门阵"。这种不同，让张勇在孩子中极有威信。

2019 年春天的一个下午，在都江堰赵公山静海疗养所茶亭，张勇和几个朋友聊天。他坐在主位上，分别给茶友看茶以后，端起茶杯呷了一口，眉飞色舞地讲起了少年时期的故事："一天午休，我翻来覆去睡不着，老觉得有人在外边吹口哨喊我。起床一看，老爸为了监督我午睡，抬了架凉椅，手握蒲扇，穿着背心和短裤横躺在门口。我实在忍不住，硬是蹑手蹑脚从躺在门口的父亲身上跨了过去。出门一看，原来是赖三娃儿，他说葫芦坝的桃子熟了，想约几个人去摘桃子吃。到了桃园，十几个小娃儿一哄而上，爬树摘桃。"说到这里，张勇有意放慢语速，降低音量："嘿，我就站在那里不动，我心想，不忙，先看一下情况再说。"

其实张勇不是不想吃桃子，而是感觉这样摘桃子好像不对劲，还没想明白，生产队长就领着一帮人抓贼来了。一群娃儿被团团围住一个个地问，说到唯有张勇没偷桃子，人家怎么也不相信，还是上门打暗号的那个赖三娃儿作证，张勇才逃过一劫。第二天，这帮娃儿被生产队长告到学校，老师把他们叫去"过堂"，还叫家长到学校领人，张勇才庆幸当时多动了一下脑子，没有轻易下手，不然学校这一关不好过不说，要是把父亲叫到学校，那本身就粗暴的老汉可能又要新账旧账一起算。这时一位朋友说："还是你张勇老练些、聪明些、冷静些哈。"张勇就顺杆爬："是啊，我不冷静点就糟了。"

少年时代的张勇极有主见，有领导气质，喜欢当"头儿"，喜欢别人听自己的。张勇50岁生日的那天晚上，他借着几分酒意，当着全体高管的面跟一个朋友说："不晓得咋的，这些年来，一到关键时刻，都是我说了算。有时候，他们也不赞成我的意见，但最后还都是我说了算。实践证明，坚持按我说的做是对的。"

张勇在学校不算一个好学生，小学的时候是出了名的娃娃头，身边常常跟着一群同龄的小娃娃。学校不准学生私自下水游泳，可他偏偏爱带着同伴下河洗澡。老师发现了，就叫他去办公室罚站，还通知家长到学校领人。张勇的父亲本来就比较暴躁，每次来学校领人后，张勇轻则遭到责骂，重则受一顿皮肉之苦。

本属于思想活跃的另类，再加上青春期的躁动，张勇心头产生了对同桌女生本能的好感，常常捉弄她，发生争执就指额头、扔书包、撕课本。同桌女生告状，老师惩罚学生，校长理麻（说教、批评）家长，家长就教训儿子，本就不和谐的父子关系越来越紧张。

张勇说："有一次，为了引起同桌女生的注意，我竟然把一截锯条放在袖筒里，用手去轻轻地撞她。谁知把这女生惹火了，她甩胳膊用力撞我时，自己的胳膊被撞流血了。这下闯大祸了，同桌女生惊抓抓（惊慌）地哭闹起来，老师也紧张起来，立马把我叫到办公室交给了校长。校长把我父亲叫到学校，一阵批评后让父亲把我给带了回去。

"到家以后父亲愤怒到了极点，一耳光把我扇出几米远。我从地上爬起来就使劲往外跑，一口气跑到了火车站，可兜里没钱，往哪里去呢？逛到天快黑时，遇上一列从成都开往重庆的货车，我什么都没想，趁着火车缓慢进站，偷偷爬上了车厢，谁知里面竟坐着两个蓬头垢面的乞丐，吓得我跳下车厢掉头就跑。往哪里去呢？我搜肠刮肚才想到了家住机械厂的一位同学。这位同学跟当厂长的父亲一起住在机械厂宿舍，母亲在农村老家，白天在学校听这同学说他父亲出差去了，要三天以后才回来。想到这里，我暗自高兴，这是天助我也！敲开门以后，我讲明了原委，这才留在同学家里边过夜。"

萌动的青春激情被打压以后，张勇的情绪发生了很大变化，变得少言寡语，心事重重。自尊心极强的张勇心想：那么多聊友喜欢我，老师为什么不喜欢我？从小学开始，自己就是娃娃头，好多娃娃都认为我有主见、有号召力，女生为什么不喜欢我？邻居们都认为我懂事聪明，家里人为什么老是看不惯我？

想去想来都想不明白，张勇选择了一个当时很少有人光顾、但估摸能让自己想明白事理的地方——简阳县图书馆。

张勇说："在县图书馆里，我除了言情、武打类不看，什么书都看。特别让人费解的是，那时候我还看了些有关西方哲学的书。"

他读了卢梭的《论人类不平等的起源和基础》和《社会契约论》，读了美国第三任总统杰斐逊牵头起草的《独立宣言》，记得"人人生而平等"。除此之外，他还读了不少尼采、柏拉图、孟德斯鸠等西方哲学家的著作，认为其中对自己影响最深的是"天赋平等的人权和尊严"。14岁的张勇学习西方哲学也许有些囫囵吞枣，即便如此，这也为张勇人生哲学和经营哲学的形成打下了理论基础。

少年张勇还有一个特点，喜欢关注有影响的人物。

"那时候，我和施永宏、杨宾三个人，每个星期天早上要跑步几公里，跑到张泗洲办公楼楼下的茶馆去喝一杯一角钱的茶。"张泗洲是简阳棉丰人，斗大的字不识一挑，种棉花却全国有名，不仅被《人民日报》专题报道，还被评为全国劳动模范，应邀去天安门广场接受毛主席接见。

"在简阳剧场汇报毛主席接见盛况的专场报告会上，他闹了两个天大的笑话。第一是把哈尔滨市说成了哈尔滨国。第二是把与自己同去北京的学习毛泽东思想积极分子的团县委书记（女）之间在广场上的互相帮助，说成了互相恋爱。咋回事呢？天安门广场人多，一些人个子太矮，他们看不见城楼上的毛主席，于是，你蹲下，我站在你腿上看一会儿，然后我蹲下，你站在我腿上看一会儿。"

就是这样一个普通的人，通过无数次实验，成了全国有名的植棉专家，其彩色棉花种植技术更是得到了极高赞誉。从张泗洲身上，张勇悟出了一个道理：成功不一定要太多的文化，首要的是勤奋探索和在默默无闻中执着坚持。

三、初做生意

"参加工作后，我一直想做一番事业，结果事与愿违。"

——张　勇

张勇的复杂心情父亲全然不知，张勇痛苦挣扎后的变化和选择父亲也不了解。当父亲的只觉得儿子有些淘气，有些另类，性格和行为变得有些古怪，打定主意要让张勇早一点就业，早一点成家。这样不仅可以增加家庭收入，也能给两个弟弟树个榜样，自己还可以少操些心。于是，张勇初中毕业后，被送进了包分配的四川空分技校学习电焊技术。

这件事让张勇一生中都感到不爽。但那段时间，有一件事让他感觉很爽，那就是始终有一帮朋友形影相随。他搞不清为什么，是自己的形象、气质、内涵、修养出众，还是凝聚力、号召力、影响力非凡？大家喜欢跟他在一起，挥之不去，招之即来。这期间他虽然没干成什么好事，但也没有干过一件坏事，最大的收获就是交了几个铁杆朋友。

1988 年，张勇被分配到四川手扶拖拉机厂当了一名焊工，可一段时间过后，他渐渐想明白了：像他这样的性格，要在国营大厂里边干一番事业几乎是不可能的。从那以后，张勇开始打起了另找门路的主意。

那时候，改革开放的春风早已吹遍大江南北，也吹到了张勇的家乡简阳。劳动致富，争当"万元户"成为时尚。不少人因之心动，却苦于无致富门路。

到哪里去找致富门路？找什么门路？张勇寻找致富门路的过程也是一波三折，他把心思放在了读书看报上。转眼到了1990 年，张勇的邻居詹婆婆，因为做生意有了钱，生活发生了重大变化，名气也越来越大。县里召开劳动致富表彰大会，詹婆婆被通知去参会，披红戴花不说，还上台领了奖状，奖状是县长亲自给她颁发的。从那以后，詹婆婆的熏鹅生意更加火爆了。这件事对张勇影响太大了，他觉得做生意比当焊工强得多，还不受约束，很自由。他明白了一个道理，要改变命运就得做生意。做什么呢？也做熏鹅？不仅雷同，他也不想做。熏鹅生意确实能赚钱，但洗鹅时的臭味很恶心，而且起早贪黑太辛苦了。

张勇说："当时在小县城，信息不畅，我看报纸得知一种扑克游戏机非常火爆，就想去买这种游戏机。"几经周折，张勇找到了卖扑克机的福建老板，对方要价 6000 元一台。张勇想，这玩意儿虽说赚钱快，但也太贵了吧。可他转念一想，要赚快钱，大钱要舍得投。平常连新衣服都舍不得买的张勇，参加工作几年来，交给母亲保管的全部积蓄只有 2000 元钱，虽说在当时不算少，但买一台扑克机也差多半价钱。福建老板见张勇发愁，立马表现出一副关心的样子："小伙子，我看你将来一定能成大事，一台只收你 5000 元了。"多年以后，每每回忆起这事，张勇就显得有几分得意："那人居然说我能成大事！"见老板话说得好听，将扑克机价钱降了很多，自己也找到了赚钱的门路，张勇心情激动，满怀感激地告诉老板："你等着，我回去借钱。"

张勇从母亲那里取走了自己的 2000 元钱和家里仅有的 1600 元积蓄，也还差 1400 元。一筹莫展之际，张勇一个在父亲杂货铺打工的中学同学，从父亲的钱箱里偷出了 600 元交给了他。还差 800 元，张勇想到了邻居，卖熏鹅的詹婆婆，她有钱，凭直觉自己一直讨她喜欢，有把握能借到钱。不出张勇所料，他找到詹婆婆，刚讲明意图，詹婆婆二话没说，就答应借钱给张勇。30 多年前，詹婆婆能如此爽快地借钱给张勇，既无担保，又无抵押，还不告诉他父母，不仅支持张勇让他凑够了钱，而且让张勇感到了被人信任的幸福。这恐怕是张勇后来能够对他的合作伙伴、他的团队、他的员工充分授权的第一次思想启发！

钱终于凑够了！张勇在那个从父亲钱箱里偷钱支持自己创业的同学陪同下，坐上了去成都购买扑克机的长途汽车。一路上，汽车上人下人，边走边停，半路上来了一个其貌不扬的人，但他戴着的一块金表引起了人们的注意。有人惊奇，有人羡慕，有人主动评价这块表恐怕要 2000 元，还有人煞有介事地说："2000 元就想买这块表？买个表带还差不多。这表我见过，那可是世界名牌，至少也得几千、万把块钱。"戴金表的人看火候到了，终于开口道："这块表确实是花好几千元买的，因为老婆在川医住院，我走得很急，钱没带够，如果谁想要就随便给点钱，拿去戴就行，算是救个急。"有人问他最少要多少钱，他说千儿八百都行。旁边帮干忙的人说："怎么也得给千元以上嘛。"又有好心人说："至少给他 1200 元嘛！"

在人们热烈的讨价还价过程中，戴金表的人始终显得淡定。这时候深知黄金有多值钱的张勇动心了，悄悄与同学说这表如果真是金的，那远不止一两千元钱。同学投其所好，装出一副内行的样子，拿过表来用牙咬了一下表盘，十分肯定地跟张勇说："真的！"那戴表的人发火了，夺过手表，举起拳头就想砸在同学身上。这一切让张勇下定了买表的决心。从饭盒里取出 120 张 10 元现金买下金表时，张勇感觉自己露富了，和同学会心地对视以后，两人决定立即下车。但当车从身边疾驰而去，卷起的风尘迎面而来时，他们霎时便意识到自己上当受骗了。被福建老板称赞"将来一定能成大事"的张勇，这次自尊心受到了极大伤害，一辈子都刻骨铭心。这是他后来始终对弄虚作假、不诚实守信的人深恶痛绝的原因，进而促使他把"不准说谎"作为管理员工的一条底线。

张勇后来还试着做别的生意，结果也以失败告终。之后，他就开始做火锅生意了。

第二节　海底捞雏形初现

两次失败的生意，让 22 岁的张勇从一夜致富的幻想中回归现实。受厨师父亲的影响和邻居詹婆婆的启发，他开始把注意力放在餐饮上。

一、海底捞的初步尝试——小辣椒麻辣烫

张勇经常在成都晃悠，发现成都人爱吃一种小吃，城里人叫麻辣烫，也叫串串香，这个生意不仅受欢迎而且很赚钱。这种特殊的小吃是把鸭肠、火腿肠、脆骨等和莲藕、土豆等蔬菜切成片或块状，再用竹签或铁签串成一串串的，放入用类似于火锅底料的香料熬制的汤锅里边，容易熟的涮几下就可以吃了，不容易熟的多烫一会儿再吃。可以由伙计帮客人把串串烫好，也可以把汤锅放在桌上让客人自己烫着吃，最后按串数算钱，那时的价格一般是一角钱一串。

项目看准以后，办事急性的张勇在简阳县城南边的幸福巷，再次开始了他的创业。这是一个偏街小巷，不过不远处有一家录像放映厅，算得上当时县城人气最旺的地方。当时的简阳县城有三类大众娱乐场所——电影放映厅、歌舞厅和录像放映厅。那时候的录像厅，主要放映武打片和言情片。录像厅 24 小时开放，买票入场，随到随进，进去以后可以一直看，看到你不想看了再出来。录像厅周边常常聚集不少看稀奇的人，有城里

的也有乡下的。看录像的看饿了，必然要出来买东西吃，通常喜欢买几根串串提在手里边吃边看。张勇认为，当时店面选这个位置很好，后来海底捞选址也大多选在商业区和休闲区。

张勇对房租并不在意，没还价就成交，搬来家具就开业。就这样，张勇的第一个餐饮创业项目"小辣椒"应运而生。

尽管只是一个小小的麻辣烫店，张勇做起来也并不容易。租房、买桌、炒料，年轻人容易走的弯路他一个都没能绕过。

张勇先说起租房和买桌的事情。

"当时由于本钱很少，我就找了一条背街，那里的房子租金很便宜，整个一条街只有一家卖凉粉的，再没有其他人做生意。我直接找到中间一家谈，对方要150元钱月租。当时我没还价，可能因为没有经验不知道还价。等我把钱给了走出来，那个卖凉粉的大姐站在门口，气冲冲地跟我说：'你傻呀，我们才租60元，你给了150元，我们以后怎么办啊？'我只好跟她赔礼道歉，说我真的不懂。

"门面租好之后，我就跑到一个建材商店去定做桌子。那个老板留着一脸络腮胡，他说做一张桌子要100多元。我说：'好啊，100多元就100多元，要四张。'他又说火锅有油，滴到桌面上不好打扫，有一种新材料叫宝丽板，如果用宝丽板做这个桌子的话，就很好打扫了。我说那当然很好啊。他说就是价钱贵一点。我问要多少，他说要200多元，我说200多元就200多元好了。

"到时间我去取桌子了，去了之后那老板开口比我还快。

他说:'哎呀,你终于来了,到处找你找不到。'我问桌子呢,他说还没做。我问为什么没做。他说:'后来我想啊,你这个火锅下面不是有火吗,这个就要耐高温的材料,不然要把桌面烧坏。'我问他咋办,他说:'我再给你推荐一种新东西,日本进口的宝丽板,这个很好,耐高温,就是价钱还要贵一点。'我问要多少,他说400多元。

"当时我就觉得有点别扭了,再傻的人也会觉得这事情好像有点不对,但我又不会谈,也就答应他了。过了两天,我还是觉得应该跟我的朋友商量商量,就问朋友这桌子是不是要400多元一张。这个朋友家里是做建材生意的,他说这桌子最多80元钱一张,还硬要陪我一块去找那个老板讨个说法。我想了一下,觉得有点不好意思,毕竟我是答应了人家的,答应了的事情就应该算数,所以我没去找他。

"几年之后,我在西安做生意做得很大,已经在我们小县城很有名气了。一次回去的时候,我碰巧在街上看见了那个建材商店的老板,他看起来很潦倒的样子,背着一个背篼,胡子好像也没打理好,反正一看明显是生意破产的那种感觉。我当时就在想,你那么会谈生意,谈得那么精,一笔生意赚我那么多钱,好像也没有发财嘛;我这么不会谈生意,反而生意做得还比较好。通过这个事情,我相信真诚在生意中的重要性。"

张勇又说起炒料的事情。

"当时有个卖干杂的老太太对我说,炒料要买这个干杂那个香料,还说她的火锅技术是一流的,在她这里买底料,她可以免费教我炒料，让我安安心心去忙其他的，不用操心炒料的事了。

"等我把桌子买回来，第二天要营业了，头天下午我去找那个老太太教我炒料，她一下就傻了。她问我：'你是真不会炒还是假不会炒？'我说：'真不会炒，你不是说要教我吗？'她说：'当时那样跟你说，其实就是为了拉生意，我也不会炒料。'我一下就蒙了，可能脸色相当难看，因为一而再再而三被人家骗，再被骗下去就要倾家荡产了。她也很紧张，连声说：'你坐一会儿啊，不要着急，我赶紧去给你问一下。'她跑出去了差不多一个小时，回来之后说：'这也简单，炒火锅底料就是把豆瓣炒香，关键要添加我配给你的中草药香料，诀窍就在这个香料里面。'我估摸呀，她可能是去找了那个送底料的，因为他跟那些火锅店大厨比较熟，她去临时请教他后才回来教我的。

"最后事实证明，老太太说的加香料可能又是一个促销手段。为什么呢？这个料包煮了之后味道很苦，但我并不知道。我的第一桌客人，是一个40多岁的女同志牵头给调单位的同事饯行。因为他们是店里第一桌客人，来了之后，我当然服务很好，他们也很满意，但没怎么说味道如何，就夸服务态度很好。他们走了之后，我尝了一下串串的味道，哎呀，苦得一塌糊涂，简直跟中药一样！

"我一直记得这桌客人，对他们非常感激！我常常想，当时他们可能是看我年轻，看我做事很努力，那么难吃的东西，居然花了钱，还没有半句抱怨。这件事对我的一生帮助很大，非常遗憾的是，那一次见面到现在，我再没见到过他们。那个小辣椒麻辣烫，我做了半年就把账还清了，还赚了一万多块钱。我的第一桌客人让我感受最深的是：服务态度好了，客人印象好了，即使菜品味道差点，甚至像药一样苦，客人也会说你的好。"

二、从麻辣烫到火锅店，海底捞诞生了

> "创办海底捞之初，我抓客人主要靠真诚的态度。"
>
> ——张　勇

　　1994 年的一天，张勇叫上舒萍、施永宏、李海燕，郑重地向他们宣布了一件事："把钱拿出来吧，我准备办一家正规的火锅店。"

　　这三人中，舒萍是张勇当时的女朋友，后来的夫人，肯定信得过。施永宏是张勇技校的同学，上技校那阵儿就与他形影不离，开小辣椒时他和杨宾每天下班后就直接到店里帮忙，多少个晚上三个同学都是挤在店里的钢丝床上过夜的。有次施永宏帮忙到深夜，骑车回家摔断了腿，医好后又照常来，这确实是铁得不能再铁的关系了。李海燕则是施永宏当时的女朋友，后来的太太，她在张勇心目中的印象也是很好的。有一次施永宏和李海燕都不在场的时候，张勇曾这样评价李海燕："四川的女人，很多都比较厉害，尤其是漂亮的女人，但李海燕不一

样。海燕这样的人是比较少的，温柔善良，会处事，又很关心和体贴人。"

张勇说完计划，四人立马一起凑了 8000 元钱，就开起了第一家海底捞火锅店！

张勇曾表示，"海底捞"这个名字来源于老婆打麻将。在麻将术语中，海底捞的意思是最后一张牌自摸。有一次，舒萍在最后一张牌自摸时，很高兴地说"海底捞啦"。张勇一听觉得好听又容易记，海底捞的名字就这样定下来了。

这四人就是原始海底捞的杂牌军团，也叫作神秘创始团队。没有人问理由，也没有人有异议，第一家海底捞火锅店就这样办起来了。一些人曾对这个原始股份比例颇为困惑。有人分析，项目是张勇确定的，经过小辣椒试水觉得可行，效益好能赚钱；项目是成熟的，张勇本身就在实施，干得好好的项目能拿出来大家一起干，暗含着张勇的"知识产权"没有收转让费；创业是张勇发起的，其地位和作用显而易见，这方面也应该是没有估值的无形资产。张勇或许就是像他们分析的那样想的，也可能他根本就什么都没有想，他觉得就该这样。

张勇又回忆起刚开业时抓顾客的情形。

"那阵子生意不太好，我注意到每天店门口都要路过一拨人，总共十来个，他们就住在楼上，几乎每天都要吃火锅。每次路过的时候，他们都要看一眼我的店面，说一句'还是没生意啊'，然后就走了。这让我很郁闷，总不好意思把人家拖进来吃火锅吧。后来我想了一个办法，他们不是每天都上下楼吗，我就每天在楼梯口等，一看到领头的那个人，就立马招呼'梅大哥好'。他第一次答应了一下，第二天我又重复做同样的事，说'梅大哥好'，连续几次，我们就变成熟人了。

"终于有一天，这拨人从店门口过的时候，梅大哥说：'大家别走了，今天试一下小张这个火锅怎么样。'当时我很激动，他们进来以后，我把他们照顾得很周到。吃完了他跟我说：'你这火锅味道不太好，没有我们经常吃的那家火锅味道好。'我问他觉得哪里不好，他说：'好像那家火锅里面有一种香辣酱是祖传的，特别好，你要把那个东西搞出来。'

"他走了之后，我就分析，开火锅店的不可能有什么祖传的香辣酱，肯定是在哪里买的，买到哪一家的比较好，就冒充是祖传的。想到这里，我就让同事到处去找，居然真把这个香辣酱给找到了，而且打听得清清楚楚，这个香辣酱确实跟那家火锅店用的是一个厂家生产的，是一个老头儿的私人作坊做的。我让太太给梅大哥送上楼去，说我们买到这种香辣酱了，让他鉴定一下与他吃过的有没有区别。当时梅大哥非常感动，从此他在很长一段时间里都是我的忠实顾客。

"那个时候我的店面环境不算最好，但我的态度非常好，别人要什么我就快一点，有什么不满意的我就多赔笑脸，结果大家都愿意来吃我的火锅了。我用真诚、用优质的服务抓住了很多顾客，就这样生意越做越好。三个月后，店内的客人就多到需要排队，海底捞逐渐成为简阳生意最好、规模最大的火锅店，所以我很快在简阳开了分店。"

1998 年，海底捞在西安开设了省外第一家店。由此开启了川式火锅的全国之旅。

第三节　少年海底捞，初闯江湖

"翻越秦岭，走出四川，首选西安开店，既是偶然也是必然。万事开头难，我们历经了酸甜苦辣，也积累了教训和经验。"

——张　勇

一、天上掉下个陈永

1998 年，海底捞在简阳已经做得很大了。但四川最不缺的就是火锅店，为什么单单张勇的火锅店开往了西安，开往了全国呢？

张勇说："因为老天爷送来了个陈永。"

陈永时任四川港通医疗设备集团股份有限公司董事长。而当时的张勇刚刚在简阳买下楼外楼，房子和装修前后花了近100 万元，完成了海底捞在简阳的一次封顶式大扩张。

张勇说："那个时候我一直在思考一个问题，这楼外楼的生意也好，海底捞的生意也好，难道要在简阳再开一家海底捞？不可能的！再开，我肯定就自己把自己整破产了。那咋办呢？"

正在张勇迷茫之时，陈永出现了。

当时，陈永在楼外楼吃火锅，吃完下楼，见张勇站在门口，就在楼梯上同他打招呼。他说："张勇，你有没有想过去西安开店啊？"

"怎么没想过呢？没钱啊！"

听了张勇的话，陈永笑笑说："没事！钱嘛，我有！只要你愿意，我们兄弟两个就好好谈一下。"

张勇一听，觉得这个可以谈。就这样，张勇往楼上走，陈永往楼下走。两人走到一起，两双手也紧紧地握在了一起。

陈永说："走，明天就跟我坐飞机去西安。"

说干就干。第二天，张勇就拿着陈永给他买的机票飞往了陈永说的那座城市——西安。

那时的张勇还不知道，就是这简单几步，为他缓缓拉开了海底捞全球连锁的大幕。目的地西安，也成了海底捞这个县城火锅店初闯江湖的第一站。

跟陈永去西安考察，张勇尝试了很多新鲜事。坐飞机、住五星级酒店、吃有专业迎宾人员的火锅，很多都是第一次。

"我看到那被玻璃圈着的地方，找不到进口，就往后缩。他走得多就很熟，把我带到那玻璃门口，门就自己打开了，我们就进去了！"张勇说。

过自动门、换登机牌，第一次坐飞机的张勇大开了眼界。一路上陈永走到哪儿，他就跟到哪儿。

"当时出发前，陈永带我到机场附近吃了一个酸菜鸭子。那以后很多年，一到机场，我就想去吃那个酸菜鸭子。"张勇说。

那一年张勇 28 岁，这次毫无预备的考察，深深地改变了他后面的人生轨迹。

张勇说："那个时候港通公司西安办事处的业务很好。他把我带到西安二环路有个五楼上的一家店子，不晓得叫啥名字。当时把我吓到了，店里有一个玻璃门，几个高挑苗条的美女在门口站成两边，一边四个。迎宾正常应该站在门外头，那个店的却是站在门里面的，门上锁了两根铁链子，外边排队的不准随便进去，客人挤到门口就像要冲进去抢来吃的那种感觉。

"我把那些人拨开，看看里面是做什么的，结果说是开火锅店的。我想这个火锅店生意也太好了嘛！

"里面喊'几位？'，外面说'五位'。里面说'来来来，这里空出了一个五位桌'，其他的客人就被美女挡在外头。那些美女就起这么个作用。

"嘿！这个生意我从来没想过可以这样做。"

一连串的新鲜事物不断冲击着张勇的认知。

张勇说："当时我很果断，我说这个事情要跟陈永把它做成。机不可失，时不再来，他万一哪天不跟我合作了呢？因为当时我没钱，合作是他帮我垫钱，股本我出 30 万元，实际上我只出了一点点钱，剩下的钱就打个欠条，算是欠他的，我连 30 万元现金也没出到。他对人还是好，也可能是把我看准了。"

二、合资虽然失败了，但是海底捞走出了四川

1999 年，海底捞张勇与四川港通医疗设备集团股份有限公司董事长陈永签约合作。双方约定，组建合资公司出征西安开店，双方派人参与管理，以海底捞为主。

初见的良好印象和新鲜经历，让张勇对即将要做的事情充满了信心。他深信，他与陈永合作一定能在西安这个大城市闯出个名堂。可谁料，第一步店面选址就出了问题。

"陈永的手下开着他的那个轿车，拉着我们到处逛。逛到大雁塔，我们就看到了省委隔壁的一个房子。省委那时候看着很气派啊，街又宽，房子对门还有个竹园火锅。当地的名牌选的这对面的位置，就说明这个位置好啊！"张勇说。

"这里是省科技厅下边一个情报所要转让的房子，原本就是经营酒楼的，还要收转让费。我也出不了多少钱，我就当机立断，对方喊的房租我稍微打了个折，就把租金定下来了，那些旧家具我都给他算了钱的，所以投资有点大。那个时候我哪习惯给别人请示呐，我拍了板嘛，我要负责啊。"

激情之下，张勇做了一个后来后悔不迭的决定。他精心选择的店面，虽说紧邻大雁塔，建筑宏伟大气，可大雁塔的背后是一望无际的农田，能来吃饭的只有寥寥无几的农民。

选址错误，再加上水土不服，海底捞初闯西安的结局让张勇、陈永大失所望。店面经营不善，双方合作中埋下的矛盾也开始一一显露。

张勇说:"开店以后,开得不好不就要扯皮吗?陈永的领导来西安视察火锅店,他们公司很尊重领导,看到领导来了,要让领导走前头,我们没有这个意识。那个领导走过来就喊'同志们好啊!',那些服务员只盯着他,没什么反应。然后,他又跑到厨房去喊'同志们辛苦了!',那些厨房上菜的人不认识他,都不理他。这个领导就很不高兴,他想的是,他下属企业与其他人合资的公司对他那么不尊重。这下我们就把领导得罪了。

"陈永这脸挂不住了,他说:'赔钱都不要紧,领导来了你们这个态度,你们不懂吗?'我说:'我们哪懂你这些呢?我都不懂,更不要说底下的服务员了。'"

企业文化间的差异,双方合营的管理阵痛,实际经营状况的不尽如人意,种种问题导致的结果是,视察结束,陈永的领导给他下了最后通牒:要么跟张勇干,要么跟我干,跟我干必须退股撤资。胳膊拧不过大腿,陈永和张勇的合作彻底告吹。这一次合资创业,最后以协调清算,港通撤资而告终。

直到很多年后,海底捞开始了更大范围的扩张上市,张勇才明白,那次投资,对自己来说是不划算的。

张勇说:"我没记错的话,当时开店需要80万元,40万元是一半,我出30万元,占49%,他多出钱,占51%。现在想来,他是风险投资,怎么能有这种条件呢?后来,我才明白,劳动力更值钱,资本没那么值钱。但那时候都认为有钱就厉害!当时算账,我记得应该赔了33万元,每个人要摊16万多元。"

张伟(张勇同学)说:"从经营这个角度讲,你控股经营才有主动权吧。"

张勇说："后来的风险投资就不是那么简单了，相当于你要投很多钱，才能获得 49% 的股权。可惜没赚到钱，如果赚到钱他就成功了。"

张伟说："不是没赚到钱，而是他退股了，要是不退股，到现在就不得了了。如果你们继续合作，将是什么概念啊？"

张勇说："也不会太多。当时也可能就是跟他合作一家店或两家店，不会再跟他多合作，因为明显不划算。"

张伟说："你醒悟以后就不会再合作了。"

张勇后来回忆，这次合作虽然散伙了，但促使他们走出了四川，增长了见识，打开了眼界；也促使他们坚持直营连锁，不接受合资合作，尤其不搞共同管理的合作。此次联合出征，让张勇坚定了直营连锁之路。

第四节　西安开店的那些事：全球直营启航

"西安一店不仅是海底捞连锁店的代表和标志，而且因为西安一店的存在，倒逼我们重视管理，海底捞才逐步走向发展。"

——张　勇

2021 年 7 月 15 日，张勇和杨利娟（海底捞现任 CEO，即杨小丽）召集在海底捞工作 20 年以上、至今仍在海底捞工作的原西安一店员工在西安开了一次座谈会，20 多人出席。会上出席的老员工，大多已是各地海底捞的骨干。

张勇说："西安一店是 1999 年 11 月 22 日开张的，2018 年年底我对此非常重视，就跟杨小丽说，要请在西安一店工作过的，也就是 2001 年之前在海底捞工作的同志一起聚个餐。这个时间也让我感到很伤感，因为 2018 年、2019 年我比较忙，2020 年又遇到疫情，一直到今天聚会才实现。

"为什么要把西安一店看得这么重要呢？海底捞最早在简阳开店的时候，是没有成熟的管理方式的。直到西安一店开业，火锅店变成跨省连锁了，倒逼我们重视管理，海底捞才逐步走向发展。"

西安开店，从家乡县级城市到省会城市，这是海底捞经历的第一次跨越。从自由随性的自家作坊，到全国性的直营连锁店，海底捞在西安经历的不仅是管理体系的蜕变，还有人心的凝结。时隔多年，西安创业的艰辛困苦都还历历在目。

一、西安创业，从艰苦和凝聚人心开始

1998 年的夏天，刚到西安的一群四川人，根本来不及适应西北的干燥气候。时至半夜，一群人都还热得睡不着觉，只能成群结队跑去西安二环路上的绿化带休息。

张勇在座谈会上说："这些娃儿睡得好死，睡到路上，人家把被子拿了他们都不晓得。"

"被子丢了我们就去追，追那个收破烂的。可绿化带第二

天就喷水了，我们就睡不成了。"刘业英回忆道。

张勇继续说道："一想到我的员工睡到二环路的大街上，我心里边就恼火得很。晓得这个事情以后，我就给宿舍装了空调。可以负责任地说，那个年代给普通的餐饮员工装空调，我不敢说是全国第一，但我敢说是西安第一。"

刘业英赞同道："对！"

"那个房间装空调以后，里边睡了二十几个人，上厕所都要踩着人去上。"张勇说道。

钟卉补充道："洗澡的时候还要排队。"

"我们租的是一个老爷爷的房子，用井水，水里有黄沙。他每天给我接一壶，把沙沉淀后给我用，我很感动。后来，我去找那个老爷爷，人早就不在了，我去找了好多次都没找着。"刘业英又回忆道。

新地方，新事业，新的运营发展。海底捞最初走到西安的那段日子，成了张勇以及所有初创员工的共同创业记忆。即便在后来的扩张发展中，张勇及其团队不断创新运营模式，这种把所有员工当家人、"把人当人对待"的人本关怀，也依旧是海底捞未来能独行于世界而所向披靡的人文底色。

这次被张勇派往西安的，还有他亲自带出来的大徒弟——杨小丽。在海底捞正式开业的第二年，17 岁的简阳姑娘杨小丽正在海底捞餐厅当服务员。一天，她的母亲哭哭啼啼地跑到海底捞餐厅找到她，让她拿出 800 元钱为家里应急。那时候的杨小丽每个月只给自己留 10 元现金，大部分工资都寄回家里，用来偿还哥哥欠下的债务，根本无力拿出 800 元钱来应急。当时正好快过年了，同事都要回家，也拿不出多余的钱来帮她。在这样的绝望情况下，杨小丽哭着送妈妈走。

这事正好被来店里的张勇遇见了，他立刻让会计提了 800 元现金给杨小丽拿去救急。事后，杨小丽以为这笔钱公司会从工资里扣，后来年底结算奖金时却发现钱没少。会计告诉她："张大哥说了，你家还债的 800 块由公司出了。"

从此，杨小丽就把海底捞当作了第二个家，而为了保护这个家，她敢去拼命。

二、他乡闯荡，四川娃娃留下趣事

小县城的火锅店，开到了西北的一线省会城市。来自四川的农村娃娃们，也进城长了大见识。

张勇说："农村娃儿进长安，闹了不少笑话。

"那会儿我们的员工不会讲普通话，那个周长昆现在是在技术部吗？大雁塔，大雁塔，说好久他都不会说，他出差过来就到处找大堰塘，他要找个堰塘。到了大雁塔，他说这里哪有什么堰塘嘛！人家跟他说大雁塔是座古塔！

"那个钟卉，也是笑死个人。陕西有一种粉带，我们四川人叫宽粉，钟卉听成了捆带。客人来点粉带，钟卉想这客人真怪，来吃火锅要捆带（皮带）干什么呢？海底捞服务员一切以客人为指示，她就跑到厨房去，非要厨师长把皮带解下来给她。人家要掌锅的嘛，裤子要掉咋办呢，只好去找根绳子来把裤子拴起来。钟卉想到直接把那根皮带拿去给客人不好看，她很聪明，就用一个托盘，把皮带卷到里面，上面用一条红的餐巾布搭好给客人送过去了。客人问她：'你送这个来干什么？'她说：'你不是要捆带吗？'客人说：'我要的是粉带。'钟卉还解释说：'这就是捆带啊。'硬是把人都逗笑了。

"我们海底捞对客人的关怀是无微不至的！那会儿我们把客人的孩子喊出去带啊，帮客人买烟啊，怎么服务好就怎么干，我们就是靠服务好出名的！她也想，客人为什么要皮带，不好问啊！万一是客人的皮带丢了、坏了呢？我们的服务员很单纯。"

见大家听得入神，张勇越说越来劲。

"故事多得很，说四川话，比较经典的就是李海燕嘛！那时候四知路楼上没有厕所，要下到马号街才有公共厕所。那会儿如厕费是一角钱一个人，客人不可能每次都带一角钱，我们就拿卖香烟的纸盒子，切成小圆纸牌，盖上海底捞的公章。客人要去厕所就拿着纸牌，把纸牌给老板娘，老板娘把纸牌收起来，凑够10元钱以后，就拿到店里结账，这个很方便。

"有天下午4点，有个客人来排队，那时候我们的生意已经很好了。李海燕在吧台里面，我当时心情不好，就在吧台栏杆上趴着，一般有客人来都是我招呼，那天我就没招呼。那个客人走过来喊李海燕拿个纸牌，意思是他要上厕所。正巧纸牌用完了。她就跟那个客人说：'你去就是了。'那个客人就下去了，但下去以后又回来了，站在底下喊。我一直在栏杆上趴着发呆，听到喊声就说：'嘿，李海燕，那客人又来了。'她在吧台那儿把头伸出来问客人什么事。客人就问：'我怎么和她说呢？'意思是没有纸牌想解手要怎么跟守厕所的说。然后，你们猜李海燕怎么回答他？李海燕说了一句让我终生难忘的话——你就跟她说你是来吃饭的！

"我当场就崩溃了！我说：'李海燕，人家去上厕所，你喊人家去跟老板娘说是来吃饭的？'这个典故，我一辈子都记得，真的太好笑了。"

三、西安一店扭亏为盈，生意持续火爆

西安一店出师不利，在与港通集团分道扬镳后，张勇及其员工及时调转方针，重拾简阳海底捞的初心——服务高于一切！短短两个月时间，海底捞西安一店居然奇迹般地扭亏为盈，打了一场完美的翻身仗。

张勇说："西安一店的生意为啥好呢？有天停电，客人正在吃火锅，这时候钟卉和有些员工啊，拿起扇子就在那儿给客人扇凉。扇子不够，就把装酒的箱子拆散后的纸壳子拿起来使劲扇。那些客人真是被感动得不得了啊，赶紧把筷子搁下来说：'妹妹哎，我下回还要来吃火锅，你不用扇了。'

"客人感动得受不了了，哪有这么用心服务的嘛！那时候杨小丽当店长，把服务员培养得那么到位。那会儿的员工就是这样子，硬是拼了命，不成功就成仁！说句实话，客人怎么会不来嘛，生意怎么会起不来嘛，怎么会失败嘛？不可能失败啊！"

第五节 海底捞的灵魂人物——张勇

> "要过上好日子，就必须要创业。你过上了好日子，
> 跟你干的员工也想过好日子，那就大家一起来干。"
>
> ——张 勇

船载千斤，掌舵一人。据招股书分析，海底捞发展成功并立于不败之地，关键性的因素在于有"高瞻远瞩的创始人"。作为海底捞的创始人和灵魂人物，张勇的人生经历、生活哲学、个人特质都在不同阶段深深地影响着海底捞。

一、白天走干讲，晚上读写想

张勇说："我每天就干六件事，白天走干讲，晚上读写想，并且一直坚持。""走"就是每天早上 6 点起床跑步或快走；"干"是指早餐后就处理工作；"讲"就是开会，解答重要请示中需要解决的问题，与同事交流自己新的想法、思路和方案。"读写想"就是到了晚上坚持读书、写笔记、想问题，直到 12 点才睡觉。有时凌晨突然想起事情了，他就爬起床来发邮件，然后再去睡一会儿。

"我常常让同事们感觉到，哇，张大哥这么晚还没睡觉，太辛苦了！其实我已经睡了一觉了，发完邮件，又去睡。这样把同事们弄得很紧张，他们都不敢偷懒，我们要的就是这样一

种状态。"张勇说。在海底捞，无论是老员工还是新同事，都吃苦耐劳、执着坚持。

要想成功，就得多学习，多动脑，不怕累，多吃苦，这就是张勇的创业心得。张勇说："1994 年以后的那几年，尹涛、尹纲、尹海他们那批发小还在热衷于进卡拉 OK 厅嗨歌跳舞，进夜宵店猜拳行令的时候，我已经在全身心思考如何把火锅店开得更好、更多，招来更多的顾客，增加更多的收入。"

二、双手改变命运

张勇说："双手改变命运是我们的创业理念，也是核心价值观。"

其实张勇的逻辑很多人都懂。铁杆朋友尹涛曾调侃张勇说："你的本事就是不断地给职工灌输你的思想和理念，不断地给职工'洗脑'，让职工信任你、崇拜你，然后死心塌地跟着你干。"

张勇说："这个'洗脑'的过程很简单。我们那个年代家里连肉都吃不上，想过好日子才开始创业，然后我过上了好日子、买了房子，后来跟我干的人也过上了好日子、买了房子。我因此欠了债，于是又开店，让更多的人一起干，让更多的人过上好日子、买房子。如此循环往复，海底捞越做越大，老板越当越大，财富越积越多。同时，过上好日子的人越来越多，买房子的人越来越多，新产生的老板也越来越多。双手改变命运是我们的核心价值观，但凡我有点钱，我一定还会给员工加工资。这就是我的使命、我的坚持，我相信自己会找到一个平衡点。"

这就是张勇的创业逻辑。

三、稳定了就冲锋

但凡创业者都是不甘寂寞的，张勇更是如此。在接受记者采访时，张勇袒露了自己的创业追求："一旦整合好现有门店，我还会扩张。稳定了我就冲锋，这是我的使命。人总有创业的冲动，即便到了现在的状态，我也在暗暗下决心做点新的事情。创业是为了追求更多的财富，当财富达到 10 亿元或者 100 亿元会怎样呢？人是很奇怪的，有了 10 亿想 100 亿，有了 100 亿想 1000 亿，而这种愿望就成了推动社会进步的动力。"

张勇告诫创业者，尤其是年轻创业者："追求财富是我们创业的一个目的，但是财富是用来做事的，千万不要把财富拿来炫耀。开始炫耀的时候，我们就像一棵大树上的黄叶，要往下掉了。"

张勇说："我开海底捞 1994 年、1995 年就很赚钱了，每个月赚十来万元，当时我对谁都没说。开几年火锅店以后，我和施永宏、杨宾出去旅游，也顺便考察一下外边的市场，每一次都是很节俭的。第一次去西藏，我们仨就开个普通的桑塔纳，沿着川藏线进藏，一路上转悠了半个月。"

有一次去绵阳平武爬山，他们就两三个人身着便装、自带干粮和水往山上爬。一个当地的朋友说："张勇你太低调、太随意了。前两天有人来爬山，看样子是个大老总，前呼后拥近

20 个人陪着，而且头天就派了人带着砍刀、锄头和铲子，边选路线，边砍荆棘，硬是先砍出一条路来，第二天才正式爬山。"张勇听了，笑了笑说："我们就随便爬爬，爬累了就休息，然后再爬，爬不动了就往下走，反正在天黑前到山脚下就行了。"

张勇用多年的人生感悟告诫别人，要靠双手改变命运，用勤奋、诚实、正直和善良改变贫穷。不忘初心，历久弥坚。"我现在是这种休闲装束，过去我是这样，以后我还是这个样子。"

四、学习力、洞察力、创造力

张勇非常善于学习和借鉴，哲学、政治、经济、历史、文学书都看，拿破仑、翁同龢、林语堂、余华、稻盛和夫、松下幸之助都研究。他经常与名人名流深聊，借此学习他们身上的闪光点。他主张向实践学习，向员工学习，很多流程、制度都是在实践中总结出来的。

张勇说："学习力必然培养出敏锐的洞察力，让人善于捕捉新生事物、商机、项目信息。"改革开放初期，政府鼓励一部分人先富起来，他萌发了劳动致富的念头，也曾发现过赚快钱、赚大钱的扑克机等生意。挫折和失败让他冷静思考，选准技术含量不高、投入资金不多、对文化程度要求不高的餐饮业。

洞察力还表现在对行业特征和趋势的判断上。张勇认为餐饮业管理效率低下有以下几个原因。

"第一，这是一个劳动密集型产业，前台有乌压压的服务员，后台有厨师、传菜、采购、库管，人多得很！这里面的每一个人都要领一份工资。

"第二，这个行业确确实实是一个低附加值的行业。以海底捞为例，人均消费不高，上海大概就是一百二三十元，全国平均下来就一百多元，最后分到企业家手里，税后利润率有10%就很不错啦！10%的利润率听起来不少，但餐饮业不像制造业规模大，制造业3%的利润率就很可观，而同样的利润率在餐饮业是支撑不起现代化管理的，当然就很难做到规范化、流程化、标准化。

"第三，餐饮业还有一个很大的特点，就是一家餐厅无论做多好，都没有办法形成相对垄断，因为没有一个人会在一家餐厅吃一辈子，我也不是每次都吃海底捞。餐饮业是一个非常碎片化的行业，好在技术不断进步，有了互联网技术，有了自动化技术，有了很多方法的改变，餐饮业也就可以实现规范化、流程化、标准化管理了。大概在2009年的时候，我就充分认识到了这个问题。"

张勇和海底捞的创新与实践，验证了乔布斯的名言："领袖和跟风者的区别在于创新。"

前些年尹涛常说："张勇经常动脑筋想问题，一会儿就是一个主意。每当他一个人背个包跑到青城后山去，坐在树下，泡杯茶，发两天呆，回来之后一定会搞一个名堂出来。"

一个董事长必须具有创造力。基于这种创造力，在海底捞创业之初，张勇就鲜明地提出并确立了"双手改变命运"的核心价值观，并始终把它作为海底捞哲学中的主导，作为海底捞处理内外矛盾的准则。

基于这种创造力，张勇设计了"连住利益，锁住管理"模式，让员工的利益与企业的利益高度统一。

基于这种创造力，张勇实行组织下沉，权力下倾。

张勇少年时期对哲学的好奇，极大地影响了自身的世界观、人生观、价值观，让他学到了遇事先要认识事物、分析问题，再确定解决方案的立场、观点和方法。究其本质，在于认准一件事就执着坚持，在于超强的学习力奠定的智慧功底，而哲学智慧又树立了信心，培养了洞察力，铸就了不认命、不甘寂寞、一心想干大事的宏大愿景。这是海底捞之所以传奇，员工之所以死心塌地，打工妹之所以能被"逼"成 CEO 的根本原因。

▼

第二章

成功有秘诀，商业有模式

海底捞最初只是简阳县城的一家火锅店，并没有什么成熟的管理方式。随着海底捞不断发展壮大，原有的管理方式渐渐不再适用。面对这种情况，张勇适时地调整并改进了海底捞的各项机制，最终呈现在众人眼前的，是海底捞一套独特的管理、组织、运营与人才培养模式。但对张勇和海底捞来说，这并不是海底捞改革创新的终点。

第一节　摇着颠簸的船，渡过管理的河

> "有人问我，管理海底捞的过程中，你投入精力最多的地方在哪儿？在机制，我永远都在研究机制。如果企业做不上去，不是不努力，一定是机制、流程或者考核指标出了问题。"
>
> ——张　勇

一、给自己封个经理，管理模式初成

在西安座谈会上，谈起最初的海底捞，张勇说："最早在简阳开店的时候，就是一个老板和几个小娃娃，老板工资才几十块钱一个月。一个成都人跑来看了一下，说这就是海底捞啊，一群小娃娃能整出这些名堂还是不错的。其实当时我都 24 岁了，开两家店的时候，都是我买东西，上午买完东西，下午在公园里打千分（扑克），晚上到店里照看生意，看到谁不做活就骂谁。后来只要我还站在门口，端锅的都往我面前钻，硬是要在我面前进一圈，就是这样干的。所以说，当时哪有什么管理方式，没有管理方式。"

面对十几位西安开店时入职至今仍在岗的老员工，张勇继续说道："这个管理方式延续到西安一分店开业的时候，火锅店开始变成跨省连锁了。按理说跨省连锁肯定要有管理体系、组织架构了，但你们想想，张大哥也跟你们差不多，初中刚刚读毕业，哪懂得管理嘛？我只好相信你们，尤其是相信你们的

杰出代表杨小丽，虽然我不懂得用什么管理措施，就凭这种相信也行。后来，有些大学教授感觉我在管理上像很有天赋一样，其实我确确实实不懂。"

初创海底捞不久的一天，张勇从外边回到店里，见到舒萍、李海燕和两个朋友正在拼杀麻将，不知哪来的火气，冲上去就把麻将桌掀翻，并斩钉截铁宣布一个决定："一个正规的火锅店必须要有一个经理。从今天起，我就是经理。因为要正规开店，今天开始，上班不准打麻将，尤其不准在店里打麻将。做生意就要认真做，我们开的是火锅店，不是麻将馆！"

最初，他们四位既是合伙人、好朋友，又是员工，店里的事是大家一起做。施永宏管钱又买菜，李海燕切菜、剐黄鳝，舒萍帮忙摆盘。前台后台也分得不清楚，请了少量员工，但基本上是有事大家一起做，客人来了就服务，客人走了以后员工就可以打麻将。

但张勇今天就是有备而来的。宣布这个决定之前，他做了充分准备。他跟朋友尹涛说："你今天不要拉我，我可能要动手打人。"事实上，对自己这一举动，张勇也觉得有些鲁莽。20多年后，在三岔湖钓鱼岛朋友聚会时，有人突然问他有没有掀桌禁赌这个事，他十分肯定地说"有"，然后瞟了一眼旁边的舒萍和李海燕，淡淡地说："那时候年轻不懂事。"

没有经理时，一切由张勇说了算，张勇当上经理以后，就更加天经地义地由他说了算。尽管这个经理是张勇自封的，但就是这个自封的经理，他一干就干了20多年。当时，很多人对张勇的规范管理并不理解，店里本身就是他说了算，为什么他还要自封经理？后来才慢慢明白，他要把火锅店真正办成一个企业，办成一个产业，办成一个平台，这不仅需要一个真正有权威的经理，还要真正行使经理职责和权力来加强管理。这种管理要先从正风气开始，客人走了员工就打麻将不正规，晚上营业白天打麻将也不正规。

从张勇掀翻桌子那天起，再没有人敢在上班时间打麻将，更不敢在店里打麻将。由此次事件开始，海底捞火锅店渐渐建立起了一套约束包括创始人在内的员工的行为规范和纪律制度，提升服务水平和产品质量的流程和标准，对员工努力程度的评估和奖惩制度，增加了员工的成就感、归属感、获得感，完善了员工培养和晋升体系，培养了员工的忠诚度和敬业精神。

2002 年，海底捞进驻郑州，同样获得了不错的反响。自此，海底捞彻底开启了全国各大城市连锁直营之路。

发展初期的海底捞，在经营实践上处于摸索探路阶段。这个阶段大体经历了 16 年，前 4 年开了 6 家店，后 12 年开了近 60 家店。这个阶段解决了一系列关键性问题，包括股权问题（组织架构问题）、人才培养问题、发展模式问题，也包括制度、流程、考核、管理模式问题。这里的关键问题是人才培养问题，包括高效团队建设、企业快速发展所需要的店长培养等问题。

张勇说："今天的餐饮管理跟 3000 年前的管理几乎是一个模式，一个老板，几个帮工，老板能干点、勤快点，帮工好一点，这家餐厅的生意就很好。为什么会出现这样的情况？行业经营模式问题！我想去改变 3000 年来的餐饮行业现状——劳动密集、低附加值、碎片似的无法规模化。"

"从组织架构上讲，做人做事的道路就那么几条，问题的关键是如何让想法变成现实。往往在这个过程中，遇到的阻力会是你无法想象的，海底捞的组织架构变革的阻力同样是难以想象的。"

二、仓促上阵，用野蛮的方法改革

海底捞原先实行的是传统的"大区小区"制度，但这种金字塔式的多层级制度却不可避免地存在弊端。

2007 年至 2009 年，海底捞第一次面临前所未有的经营危机。疯狂拓展分店的海底捞，亦是一个盲目扩容的金字塔，摇摇欲坠，位于塔尖的海底捞总部也一直在搬迁路上。那是张勇人生中最焦虑的时候。

张勇说："任何人都有揪心的时候，只是这次让我揪心到以为海底捞要死了。机构重叠，人浮于事，扯皮推诿，效率低下，成本增加，都让人难以承受。"

2009 年，海底捞厉行改革，收缩机构、裁撤大小区。掌门人张勇情急之下，做了一个惊世骇俗的决定——重彩送客。

张勇说："他们根本不理解砍掉大区，小区权力下倾的重要性，后来就闹崩了。我放出狠话，不接受可以走人。我也很愚蠢，推出了一个奇怪的制度，大区经理离开海底捞给 800 万元，小区经理离开给几十万元。"

这就是坊间广为流传的海底捞给"嫁妆"的背景。当时是气头上说气话，谁也不让步。一方说你这么干，我没法干；另一方说，没法干你就走吧，走的我重礼相送！

可让张勇没想到的是，人还真走了。

张勇说："我当时想，讲了这个话也没人敢走，海底捞的人都是我培养起来的。结果不仅他们走了，连张三哥都走了。这下子我身边的人一个生孩子，一个走了，苟总管后勤又不懂供应链，只剩下袁华强。几十家门店不知道该怎么办，公司几乎要崩溃了。当时，我觉得自己搞砸了，海底捞要垮了。"

担心事没法办成，张勇就用激将法，出台一个"重彩送客"的决定，最后弄得自己下不了台，被迫执行这个愚蠢的决定。这不是钱的问题，张勇的自信心和自尊心都受到了伤害。一个为大家创造"双手改变命运"机会的人，一个自认为下属骨干都是自己费尽心血培养起来的，对自己一定绝对忠诚的人，内心受到了极大挑战。

向来"以人为本"的张大哥，遭遇了一次人心滑铁卢。好在，这一次"闹剧"还是因人心而平息。他的大徒弟杨小丽，始终站在他的身边。

张勇说："可能是我书念得少，没有一个固化的思路，别人想不到的我都可以想到，只要觉得好就干，但结果是干砸了。我身边的人都坚决反对组织架构下沉，杨小丽是最反对的。我当时耍了个小聪明，你要反对，我就趁你不在的时候干。等杨小丽生孩子了，我就大动，结果捅了马蜂窝。"

敢想、敢干、敢闯、敢试是成功人士的天性。然而，有改革的愿望，有改革的冲动，但未经深思熟虑，没有成熟的方案，必然导致失败。张勇很坦诚，非常自信的他第一次承认了失败。

张勇说："后来杨小丽生完孩子上班，我就轻松了，她把这个责任扛起来，在我砍掉大区的基础上，做了部分妥协，恢复了小区，这才平稳了几年。"

关键时刻看干部，还是杨小丽这个大徒弟最忠诚，在那种情况下，没有选择离开。关键时刻更检验干部，杨小丽能治乱维稳，确实是能干的、会干的、干得好的。当然师傅张勇也是明智大度的，自己辛辛苦苦搞的改革，被徒弟"复辟"倒退也能够接受。不过这也不算全盘否定，只是部分纠正而已。

张勇说："每个人对事物的看法都不一致，这种不一致你没办法说服他。说不服怎么办？我认准的事非干不可，时间不等人，不服就硬上。如果海底捞是一辆车，只有一个方向盘，我就是掌方向盘的人，谁也不能跟我抢，谁抢谁下车！

"当时背景不一样，毕竟公司规模尚小。随着时间的推移，再这样武断是不行的。到2009年的时候，公司就有上万名员工，有了供应链。后来发展那么多关联企业，那么多分公司、子公司，那么多火锅店，你再说谁抢方向盘谁下车，你能把方向盘掌控住吗？掌控不住呀，还是得调动大家的积极性。"

这是认识上的一次飞跃，也是十分难得的一跃。这一跃真正让张勇开始从一个老板变成一个企业家，从一个做事、管事的将才变为一个能够统领驾驭全局的帅才。

张勇说："即使我的决策主张是正确的，我还要想办法让大家理解消化，认可我的观点。当然，这是一个艰难的过程。现在想起来，那真是太难了。"

也许是天时地利人和都具备了，2016 年，海底捞的组织架构变革宣布成功——海底捞砍掉组织架构中间的大区小区，由总部直接对接门店。

"我想干的事，终究是一定要干成的。到 2015 年，我觉得还是要干这事，最后在三亚搞成了。"张勇说。

2015 年海底捞年会上，张勇宣布全面裁撤小区经理。会议过后，海底捞对组织架构进行组织下沉、权力下倾的创新改革。2016 年改革正式实行后，找到了标准化与灵活性、管控与自主之间的平衡，店长有足够的自由度和灵活性，同时保持了总部对关键环节的总体管控。

重组后的海底捞内部组织有四个组成部分，即总部、教练、抱团小组及餐厅。这种组织架构是典型的扁平化管理系统，餐厅可直接向海底捞高级管理层汇报，总部鼓励邻近的餐厅组成抱团小组，互相提供支持，共享信息资源。

张勇认为，这种扁平化管理可以增加透明度，使总部能够并且及时有效贯彻公司目标。由于发展加快，门店数量日渐增多，并且分布在国内外的 100 多个城市，海底捞专门设立教练团队，对餐厅管理给予支持，为店长提供指导、帮助和评估。

"要感谢员工的支持，组织架构变革真的不是老板说了就算，要做充分的准备。我算很认真、很敬业的了，一天 24 小时除了海底捞的事什么都不想，都搞成那个样子。况且海底捞是我从第一张桌子开始干，每一个环节我都参与，每一个高度都是我提上去的，稍有一点闪失，就差点出大问题。组织架构变革必须反复斟酌，反反复复计算，这涉及每一个人的利益。还有一点是最主要的，不同的人有不同的想法和不同的价值观，思想上不统一，行动上不一致是成功不了的。"张勇对改革之难深有感触。

三、洋为中用，打造中国的阿米巴模式

> "全员参与经营，调动了每个员工的积极性，让他们感觉自己是在为自己工作，让他们积极为实现目标努力工作。"

——张　勇

阿米巴原虫，即变形虫，因柔软且能改变形状而得名。它能够随外界环境的变化而变化，不断地进行自我调整来适应所面临的生存环境。阿米巴经营模式即以此命名，这种经营模式以各个单元的领导为核心，让各单元自行制定各自的计划，并依靠全体成员的智慧和努力来完成目标，是被称为将领导力培养、现场管理和企业文化这三大管理难题集中在一起予以解决的经营模式。

张勇说："2010 年，我在日本会见了稻盛和夫先生，开始接触阿米巴经营理念。稻盛和夫所创立的京瓷公司是阿米巴经

营的典范，本质是让各部门独立核算，同时实施量化授权，让各部门都具备经营意识，通过部门定价和交易，在企业内部传导市场环境变化。

"阿米巴经营首要的是自我运转、自我调节、自我扬弃，解决机构重叠、人浮于事、官僚主义、效率低下的问题，最关键的杠杆是利益这只看不见的手，这就是后面要谈到的'连住利益，锁住管理'。"

2015年，海底捞开始实行阿米巴模式。海底捞倡导每一个员工都是管理者；同时，确立各个与市场有直接联系的部门的独立核算制度，通过拆分把过去的企业内部部门独立成法人公司面对市场，对内完全按市场交易原则，最大限度增加销售收入，减少费用支出；全力培养具有经营意识的人才，让店长由过去被动执行上层意图到"我想拓店，想培养人才，想像老板一样关心爱护海底捞，成为一同承担责任的经营伙伴"。

1. 学习阿米巴的诱因

"我们遇到真正的难题不是在只开一家或几家、十几家餐厅的时候，是在发展到几十家以后，原来的管理模式受到很多挑战之时。内部晋升人才水平与实际需要有差距，尝试招聘更高端的管理人才，又造成水土不服和内部矛盾。我曾对媒体说过，盛名之下，其实难副，这就是海底捞的现状。"张勇有些沉重地说道。

"到2010年，海底捞出现了几大问题。一是人的问题，要保证店长培养速度；二是组织的问题，组织发展模式要支持快速拓店；三是文化传承的问题，优质服务背后事关尊严、公平、收入、授权和现场考核等。针对这些问题，要在传统的被人为截断的内部经营链条之间，设置独立核算制度和交易关系，以灵活应对市场变化。"

2. 打造中国的阿米巴模式

张勇说："在学习借鉴阿米巴模式的过程中，我们没有简单地复制，而是批判地、实事求是地吸收和创新实践，赋予其全新内涵，使其成为中国的阿米巴模式。比如组织架构改革，砍掉中间层，将经营权下放，实行独立核算，增加门店活性，让门店做主、员工做主，抱团取暖，增强自身抗御风险能力。又比如将产业链上的职能部门拆分为独立运营的公司，自主经营，自负盈亏，自我长大。我们牢牢抓住了利益这个关键，强化管理，实现了裂变发展。"

海底捞实行阿米巴模式主要体现在以下三个方面。

其一，强化门店独立自主。"组织架构变革后，总部之下只剩下门店一个层级，让门店像阿米巴原虫一样增强活性，只需要考虑自我生存。对门店量化授权，让店长有充分的自主权，包括员工聘任与辞退、内部考核与升迁、奖励与分配、遴选与培养后备干部、选择拓展新店的人选和地址等，激发了店长和员工的积极性，增强了门店的能力。"张勇说。

其二，破解人才培养难题。实行阿米巴模式的目的之一是培养经营管理人才，这样做破解了"师徒之困"。门店拓展的关键是人才，新店长的培养关键是调动老店长的积极性，不仅要解决店长对人才的压制，还要让他们把培养新店长当作自己的事情。

张勇设计了老店长激励机制，使店长的整体水平提升，其中最根本的是利益分享机制——连住利益。师傅店长培养徒弟店长跟自己的利益挂钩，可享受徒弟店分红，徒弟犯错时相应受连坐。老店培养出的新店长拓展新店以后，老店会抽调一批骨干组成经营管理团队负责新店，老店再招聘培养新人。新店也要招聘培养一批新人，当新店培养出新店长以后，又可以再拓展新店。如此连续地、放射性地发展，师傅店长要负责指导管理徒弟店、徒孙店，精力有限，智慧有限，他们再成立抱团小组，成立"家族"，增强抗御风险能力和内在活力。

其三，推倒部门墙，实行工分制和预算制。张勇说："阿米巴模式的经营目的之一，就是确立各个与市场直接联系的部门的独立核算制度。一个公司经营的原则是追求销售额最大化和经费最小化，为了在全公司实践这一原则，就要把组织划分成小的单元，采取能够及时应对市场变化的部门核算管理制度。"

海底捞对门店实行独立核算管理，对总部和教练则实行"预算制＋工分制"的管理模式，监督各部门收支情况，各业务板块工分则与报酬和激励挂钩。张勇要求公司管理层把自己管理对象的绩效考核与奖惩当成生意来做，真正做到奖勤罚懒、奖优罚劣。干一件事给一定工资，干错一件事或没有完成任务则扣相应工资，最大限度提升预算使用效率，也最大限度节约成本支出。

张勇说："从 2010 年开始，海底捞顺应互联网和科技发展的趋势，对所有职能部门一刀切，通通实行独立核算。这些年来，海底捞最大的变化之一，就是职能部门被分离出来独立成了第三方服务公司，其业务包括底料加工、物流配送、人力资源、财务管理、工程建设、信息科技等。这是一种典型的阿米巴经营模式的实践，其最大的特点是，一个决策者的单线体系，变身成由多个具有经营意识的领导者构成的复合体系。"

四、螺旋上升，海底捞恢复"大区小区"制度

　　"现在实行的'大区小区'制度，不是以前的恢复，而是提升后的回归，是对自身管理模式的一种扬弃。"

——张　勇

　　难忘 2015 年，张勇以壮士断腕的魄力，砍掉了大区小区，实行总部直管门店。然而，2021 年，张勇、杨利娟又领导实施了新"大区小区"改革。具体方式为：将海底捞门店按所处位置分为五个大区，每个大区以 300 家店为上限，小区则以 30 家店为上限；各大区经理由原部分区域统筹教练和资深家族长担任，小区经理则从资深家族长中选拔，之后，在"啄木鸟计划"中，小区经理这一岗位又与家族长合并，以避免层级冗余；大区经理负责统筹所管辖区域门店拓展、工程、定价、门店评级等工作；家族长除了肩负选拔和培养店经理、传递企业文化的责任，更要对家族内每一家门店的管理、经营情况等方面履行监督、指导义务。

张勇实行的每一次改革都是在实践中验证完善的，他在反复论证、反复计算下，制定出一个当下较为完善的方案，然后付诸实施。此次改革中，张勇开始尝试将职能部门的工作进行再拆分。

张勇说："比如招聘、考评、提拔干部，不都是人事部门的工作吗？我们就把这些工作拆分开了。提拔干部的工作就放在店长手里，店长提拔新店长叫师徒制。招聘工作就放在小区，考评也放在小区，其他职能再往上边放，这几个方面就拆分了。我们以后就没有专门的人力资源部，把人力资源部的功能分到总部、大区、小区和门店里去了。

"这些都没有一个方面重要，那就是智能化和自动化。比如说编制，这个店翻台率是 5 次 / 天，需要 100 个员工，我们希望员工平均工作时间是多久，我们希望这个店挣到多少钱，这些都可以数据化，可以自动生成。一旦发生异常情况，可以直接通知到相关责任人。原来门店遇到类似蔬菜不新鲜的问题时，需要培训员工学会处理类似问题。但我们有自动化厨房之后，就自动解决这个问题了。所以，这个职能哪个地方都不用放。"

除了以上所述，海底捞此次改革最主要的目的是强化跟踪式监督，让监督落到实处，让管理更有效能。

在海底捞的这个新"大区小区"体系中，小区经理不对具体的经营业务负责，而是作为独立于店长的第三方监督者存在。

张勇说："我们过去采取的一些管理模式、流程和制度都是有效的,但是近两年在实施中确实出现了一些管理上的问题。这些问题归结起来，表现为管理不到位，实质是跟踪式监督不到位。这次实行新的'大区小区'制度,就是为了解决这个问题。大区经理主要负责统筹规划，小区经理就负责监督门店，发现问题就守到门店整改。小区经理也负责给门店定级和辅导，对店长的任免还有建议权。

　　"门店经营以店长为核心，我们这家店好，我和我的同事过得就好。你是我隔壁的海底捞，你管得不好，不能把我叫来支援你，我支援你什么呢？人事任免权、经营权，很大部分是集中在店长手中的，而小区经理就是个监督。监督什么呢？比如，我们的流程、制度，你做到位没有？你的评级好不好？你弄虚作假没有？你说服务态度好，来个客人你站在门口说欢迎光临，客人要杯水你却半天端不过来，偷偷听人家聊天？小区经理就监督这些东西。

　　"以前的三个大区经理组建三个公司，采取三种模式，是三个模块。大区经理之间没有任何联系，各人说了算。现在的大区之间，虽然有些小的不同，但模式和制度全部都是一样的，每个大区仅有一些细小的调整而已。以前的大区更多的是管理小区，那个时候的小区经理只管几家、十来家店，把店经理管得很死。这次实行的'大区小区'制度，大区经理没有直接管理小区经理和店经理，小区经理也没有直接管店经理。小区经理去店里就是看，看到什么说什么，讲真话。看到你哪儿做得好，就肯定；看到你哪儿做得差，就指出来，让你改正。当然，小区经理说错了，店经理也可以纠正对方或坚持自己的意见，即使到了要报给大区经理处理的时候，也完全可以反对，并提出自己的意见。"

如今，海底捞的总部牢牢管控餐厅七个关键管理环节：食品安全管理、供应商选择、供应商管理、信息技术管理、法务、财务、餐厅扩张战略。对这些全局性的、投资巨大的、局部难以解决的环节加强管控，可以获取三大成效：一是确保海底捞业务的整体质量，规范业务流程；二是使海底捞能够实现规模化的扩张；三是提高各门店管理质量。

五、刮骨疗伤，海底捞实施"啄木鸟计划"

"啄木鸟是益鸟，它的特点就是善于找出树皮底下的害虫，且坚韧不拔。"

——海底捞前首席战略官　周兆呈

2021年11月5日，海底捞发布公告，决定在2021年12月31日前逐步关停300家左右门店，同时宣布启动"啄木鸟计划"。

公告称，部分门店经营业绩未达预期，主要是由公司在2019年制定的快速扩张策略所导致的。具体表现为：部分门店选址失误；组织架构变革让各级管理人员无法理解且疲于奔命；优秀店经理数量不足；过度相信连住利益的KPI；企业文化建设不足。此外，有专家分析，市场环境等外部因素对门店经营也有影响。

"啄木鸟计划"的实施主体为杨利娟和她的团队。具体措施包括：持续关注业绩不佳门店，包括海外门店；重建并强化集团部分职能部门，恢复"大区小区"管理体系；在科学考核各部门的前提下，持续向员工传达"双手改变命运"的价值观，并大力倡导以爱和信任为前提的奉献精神；适时收缩集团的业务扩张计划，若海底捞餐厅的平均翻台率低于 4 次 / 天，原则上不会规模化开设新的海底捞门店。

杨利娟在接受采访时表示，接下来海底捞将集中资源改善现有门店的经营状况，包括提高顾客满意度、员工能力、店经理管理水平，增加产品种类等。

海底捞实施"啄木鸟计划"主要有以下几个目的。

1. 调整扩张策略，实施战略收缩

有专家表示，海底捞此举实质是"断臂止血"，有利于长期发展。在国内火锅企业竞争激烈的情况下，不能把门店数量作为发展唯一指标，而强化服务、创新产品才是真正的王道。

海底捞表示，一部分被关闭的门店只是暂时休整，将择机重开，休整期最长不超过两年；对于业绩未达预期的门店，公司内部一直密切关注，并分析问题的根源，以期提出相应的解决办法。

海底捞关停门店不会裁员，将在集团内妥善安置相关门店员工和管理层，共渡难关；同时，与关停门店波及的合作伙伴保持联系，协商后续安排。

2. 改善经营

周兆呈说："为了应对经营业绩不达预期等问题，我们决定先停一下脚步，就像跑得太快鞋带松了，就先把鞋带系紧一点。能量不够了使不上力气，就先补充一下能量。"

业内分析，从海底捞的回应来看，此番调整颇有停下来"修炼内功"之意。

杨利娟表示，希望通过"啄木鸟计划"有效提升内部管理水平，对业绩不佳的门店进行调整，强化核心竞争力。

3. 强化财务，创新产品

专家认为，海底捞下决心骤停扩张，进行人事、经营、制度调整，也是审时度势的明智之举。国内火锅行业竞争愈演愈烈，企查查数据显示，2021年1月至9月中旬，火锅相关企业注册量达到7.4万家，而吊销注销的有3.8万家。因此，产品创新与服务质量显得尤为重要。门店数量已不再是企业发展的唯一指标，处于头部的火锅企业应制订长期的持续发展战略。

杨利娟表示，海底捞将持续推动产品的研发。以产品创新为例，将通过一体化整合采研销，改善产品品质，引入食品科学专家、顶级厨师等专业人才，强化产品研发推广与消费体验的连接，进一步提升客户满意度。

香颂资本执行董事沈萌表示，在经济环境冲击消费需求的背景下，海底捞不推崇门店规模等不具经营意义的指标，将部分门店关闭，有助于改善海底捞的净资产回报率，增加自由现金流，对于各方均是去芜存菁的选择。

4. 人事调整，强化管理

海底捞集团董事会 2022 年 3 月发布了管理层人事任命公告，杨利娟调任首席执行官，张勇将继续担任董事会主席及执行董事；两位年轻的"80 后"高管，李瑜出任海底捞中国大陆地区首席运营官，王金平出任港澳台及海外地区首席运营官。这次调整实质是"啄木鸟计划"的保障与补充。

海底捞方面表示，杨利娟作为"啄木鸟计划"的领导者，将继续负责"啄木鸟计划"的落实与推进。不难看出，启用两位年轻的熟悉门店管理的高管，旨在夯实门店管理，提高门店经营效益。

六、股权改革，牵牛要牵牛鼻子

俗话说："打蛇打七寸。"辩证法告诉我们，在众多矛盾出现的时候，要分清什么是主要矛盾。在矛盾的各方面中，要分清矛盾的主要矛盾方面和次要矛盾方面，然后抓住主要矛盾，或主要矛盾方面。这在实际工作中就好比牵牛要牵牛鼻子。无论是蛇的"七寸"还是牛鼻子都是其关键部位，都是在告诉我们要从关键处着眼，从要害处下手。张勇在海底捞的改革创新过程中，正是从最要害的股权改革入手的。

海底捞创始之初的股权架构，是张勇夫妻与施永宏夫妻四人各占 25% 的股份，即两对夫妻各占 50%。这是一个平分秋色、没有主次，或者从法律上讲是一个没有控股方的股权架构。按照现代企业制度，这是必须依法首先改革的问题。

2007 年，依照创始股东合伙协议的约定，张勇提出，施永宏同意，张勇以原始出资额的价格购买了施永宏夫妻 18% 的股权，张勇夫妻合计持股 68%，成为海底捞的绝对控股股东。

为调动骨干员工工作积极性，张勇在海底捞实施股权激励，使杨宾、陈勇、冯伯英、袁华强、杨利娟、苟轶群分别占有股权，也成了股东。

从海底捞的股权架构中可以看出，张勇在海底捞公司拥有控股权。

戚谦律师说："在海底捞对核心员工进行股权激励时，张勇对股权架构重新做了调整，通过对创始股东全部持股的静远投资公司的直接持股，将海底捞公司控制权牢牢掌握在手中。"

对海底捞的这种股权改革，坊间评说很多，但共同点是都认为张勇的股权改革方案设计巧妙，认为海底捞的股权改革成功，并从不同的角度对张勇和施永宏给予了高度的评价。戚谦律师还对张勇意识到公司控制权的重要性、下功夫捋清商业模式、挑对真正合伙人、公平搭建股权架构等方面作出了肯定评价。

世界上没有一成不变的东西。处于不同发展阶段的公司，控制权方案的设计也有差别，必须随时调整，否则就会成为发展的桎梏。实践证明，海底捞的股权改革方案是成功的。通过这次改革，海底捞确实像装上了电动机的动车组，奔驰不休。

第二节 连住利益，锁住管理

> "由于劳动密集、低附加值和碎片化的行业特征，餐饮行业很难形成现代化的管理体系。现在我们通过行业行为去建立共同的目标，形成上下同欲。"
>
> ——张 勇

如何实现规模化、标准化，控制食品安全，是整个餐饮服务行业长期存在的共同痛点。海底捞应对这一挑战的核心秘诀就是"连住利益，锁住管理"。

其中关键是平衡好、管理好四种关系。

一、门店与员工

海底捞门店就是一个经营实体，就是一个企业单元，门店与员工之间的关系，一般情况下就是企业与员工的关系。在与人为善的理念和以人为本的亲情化模式下，门店与员工的关系是整体与个别的关系，是家庭与家人的关系，店长既是管理者也是家长，员工既是同事也是家人。张勇认为，按照家族制模式，把每一个门店都当作海氏大家族中的一个小家庭，能够更好地管理门店与员工的关系，推动自下而上的裂变式增长。

除了公开透明的晋升渠道与多劳多得的薪酬制度，师徒制也让门店与员工之间的关系更加紧密。

师徒制是一种传统的人才培养模式，师傅收下徒弟，负责教授徒弟技艺，关心徒弟工作生活的方方面面；而徒弟学成出师后，能够青出于蓝，闯出自己的一片天地，最终回馈师傅。师徒制绑定了店长与企业的利益，店长不仅可以享有本店的业绩提成，还能在其徒弟、徒孙管理的门店中获得一定比例的业绩提成。

张勇说："店长是一个关键角色，而店长很难从外部直接招聘，新店店长最好从老店选拔，但这就意味着老店店长耗时耗力培养出来的得力员工，很容易就被抽调出去开新店。这是一个'教会徒弟，饿死师傅'的矛盾，不解决就无法突破开店的瓶颈。"

这就是设计"师徒制"这样一种利益分享机制的根源。

张勇说："我巴不得店长挣更多的钱，现在挣得最多的店长有月薪 20 多万元的，就是一般的店长一个月也能挣十来万元，你想我该挣多少，公司该挣多少呢？以前一般的餐厅服务员一个月挣个四五千元就是好点的了，现在一个月挣个七八千元、一万元是很正常的。这样一来店经理不仅成了老板，关键是他们还希望徒弟、徒孙也成为老板。

"师徒制是自下而上发展战略的核心，平衡了门店与员工的关系，调动了店长和员工的激情，增强了凝聚力、向心力，使海底捞实现了裂变式增长。这个增长是自下而上推动的，是根据店长所培养的后备店长数量决定的，并非总部下达计划。

"我们这种机制设计极大地提高了店长培养优秀后备店长的积极性。我们的人才池里通常会有数百名后备店长，为海底捞进一步扩张发展做好了充分准备。"

海底捞对组织架构的创新变革，就是为了砍掉中间层次，避免能量在传递中衰减，避免中间"肠梗阻"，避免欺上瞒下；就是为了组织下沉，权力下倾，让门店充分自主。

在餐厅经营方面，海底捞赋予店长高度自主的决策权，店长的薪酬与餐厅的经营业绩挂钩，以激励店长确保餐厅品质。当然，海底捞在赋予店长权力的同时，也相应地给了店长很大的责任。店长的责任包括：员工考核与晋升；挖掘、培养有才干的徒弟成为店长，以支持自下而上驱动的扩张；每天检查门店的运营情况，处理客户投诉与紧急情况；每周召开一次员工会议；审查门店财务及绩效指标；执行海底捞总部制定的涉及人力资源管理、食品安全管理、现金管理、新餐厅开发等的一套规则。

张勇曾谈过，刚到西安开拓分店时，老员工们因办暂住证在寒冬腊月里奔波的往事。

"我当时说，大家再加把劲，如果都买得起房子的话，就不怕冷了，有房子就有暖气了！你们也不用办暂住证了！当时我就提了个目标，一定要让更多人买房子，所以才有了店经理负责制。"

二、门店与门店

门店与门店之间的关系集中体现为家族制。

海底捞的门店与门店之间，本来是互相独立、互不相干的关系，但通过平衡，成了互相联系、互相依存的关系。在师徒制下，海底捞的门店与门店之间，师傅与徒弟、徒孙之间的利益高度统一，相互之间自然就形成牢固的互助合作的局面。这种平衡是以总部分权、利益关联、荣辱相关为前提的。

张勇说："海底捞的家族制，又叫抱团小组制，把门店之间平衡成了亲如一家的关系。家族制让带徒弟、徒孙多，培养人才能力强、效果明显的店长，在一定条件下成立家族，有能力的师傅店长担任家族长，又叫抱团小组组长。

"当门店达到一定数量时，总部无法管理，此时，如果选择在师徒制的基础上，让师傅又去管理徒弟店，势必回到小区制的状态。

"实行家族制，搞抱团小组，不给管理权，也没有提高谁的级别，让家族门店在同一地区共享信息资源，共同解决当地问题，能有效实现一定程度的自我管理，提高当地门店管理的透明度和效率。"

家族制让家族长们个个像打了鸡血一样激情飞扬。为了可持续发展，每个家族还要制订长期发展计划，涉及当地新店开拓人才培养计划以及下一代组织裂变计划。总部则在各家族计划的基础上，制订海底捞的长远战略规划。

三、总部与门店

"每个人都有自己的选择，有的喜欢军事化管理，从上管到下，我的方式完全不同，我的方式是由下到上的。我以前叫组织架构下沉，就是整个权力要下倾，我要去掉中间层。当时很多人都觉得我疯了，但我认为，真的要放开基层的手脚，才能迸发出向上的力量。"张勇说。

海底捞总部与门店的关系，最本质的特征为权力下倾，锁住管理。

张勇说："经过组织架构变革，砍掉大区、小区，总部与门店之间成了直接的上下级关系。这种变革不是简单的机构变化，而是借鉴阿米巴模式，大胆地放权。这种放权叫权力下倾。"

与此同时，总部统一控制系统性风险，为门店提供核心资源和可选择服务，以实现锁住管理。

1. 门店考核及食品安全管理

顾客的信任是海底捞实现品牌价值和社会价值的唯一基石。海底捞必须以优质的服务连接和取信顾客。为此，海底捞坚持总部对门店发展的关键环节进行严格审批，包括门店考核、店长资格认证、门店选址审批等。总部每季度对门店进行考核评级，以"顾客满意度"和"员工努力度"作为KPI，而不考核门店经营或财务指标。同时，海底捞对食品安全非常重视，一旦出现食品安全事故，就实行一票否决。这种严格的考核制度，平衡了门店发展与风险控制之间的关系。

实践证明，这种选择是完全正确的，这是基于对自己出台的薪酬制度的自信，对共同核心价值观的自信，对店长和员工对企业的忠诚度的自信。正如简阳二店店长刘业英所说的："总部虽然不考核利润，但我们直接负责门店经营的管理者不能不看利润。再说了，做生意又不是做慈善，投入不讲回报。店里边还有很多员工，我们不讲利润，他们的收入就会减少，生活质量就会下降。我理解张大哥的考核就是两个方面，一是字母，二是数据。字母要靠前，不评 A 都要评 B；数据要好看。"

2. 控制核心管理职能

海底捞在简化职能、权力下倾的过程中，始终抓住控制全局命脉的关键性职能，包括拓展策略、信息技术管理及供应链管理等，以满足标准化、规模化增长的需要。

对信息技术的开发利用和推广，不仅涉及面广，而且一次性投入很大。为了提高效率、节约成本，海底捞总部近年投入了大量资金，在门店经营中应用自动化、人工智能、云计算、精细化管理等，为顾客提供更加个性化的高质量服务，从而更好地满足顾客需要。

3. 可选择的指导与支持

海底捞专门设立了教练团队，它不是一个权力机构，甚至根本不算组织架构中的一个独立层次，而是组织变革中设计的一个特殊团队。这个团队对下没有领导权，也没有管理权，教练也不是一个职务。但是，这群资深店长出身的教练不仅熟悉业务，且忠诚度极高，对门店的商业拓展谈判、菜单制定、店面装修、"脱 C"辅导等的指导和帮助作用很大。

张勇说："教练团队在裂变发展中有重要的指导与支撑作用。将来我们还要实行副教练制度，要像培养后备店长那样，加快培养一批副教练，以适应发展需要。"

四、海底捞与第三方供应商

海底捞与第三方供应商的关系本质上是市场化运作。

张勇说："像海底捞这种企业，以前叫服务业。其实，现在它的前端叫服务业，后端叫制造业。为什么呢？因为产品要先被生产出来，把它端到桌子上才是服务员的事，才叫服务业。因此，我们把有些职能部门独立成了第三方公司。"

基于这种意识，海底捞几年前开始改革职能，把部门独立为公司，把成本企业变成自营企业、赚钱企业、上市资本运作的企业，陆续成立了颐海国际集团、蜀海供应链、蜀韵东方及微海咨询等，完全面向市场，自主经营，自负盈亏，独立承担责任。这些公司市场化运作以后，既妥善解决了第三方供应链问题，又让海底捞可以专注于核心业务，提升效率，扩大规模，提高效益。

第三节　内聚共生，为了家族而奋斗

有人问张勇："你是怎么让员工用心为你工作的？"张勇说："我觉得人心都是肉长的，你对人家好，人家也就对你好。只要想办法让员工把公司当成家，员工就会把心放在顾客身上。"基于这种理念，张勇总结出了具有家族特征的亲情化管理模式。

一、互助合作，抱团取暖

海底捞在总部和门店之间，设计了一个特殊的组织——抱团小组，一般要求区域内邻近的餐厅形成一个抱团小组。这些抱团小组通常由店长间存在师徒关系的门店为主，非师徒关系的邻近餐厅若提出要求，征得多数同意也可以加入。组长一般由小组内任过师傅的门店店长担任。

抱团小组是一个自我管理组织，主要职责是组内餐厅之间互帮互助，具体包括：

拓展及经营新店；

对落后店即考核被评为 C、D 级的门店进行辅导，帮助其在承诺期内摘帽；

同一区域内信息资源共享；

共同解决区域问题；

相互监督，荣辱与共。

通过履行以上职责，可以实现以下目的：一是提高整体的管理效率，避免总部鞭长莫及；二是增强餐厅间和总部对餐厅管理的透明度；三是实现各自区域由下而上对总部的支持。

自 2018 年起，海底捞又推出一个新的举措，给抱团小组组长新的职责要求，每个组长要制订本抱团小组的长期发展计划，内容包括：

当地开拓新店的规划方案；

人才培养尤其是后备店长培养方案；

裂变产生新抱团小组的计划。

实施这一举措的目的是，鼓励组长更好地明确经营目标，以作为总部制订海底捞长远发展策略的基础。

二、齐心协力，荣辱与共

随着海底捞的裂变式发展，针对怎样管理数百家门店这一问题，张勇进一步创造出了家族式的管理模式。张勇说："业绩只有两个指标：顾客满意，员工努力。把这两个指标做好了，你就可以达到 A，达到 A 就可以开新店。开新店需要人管理，师傅店长不能去管理，那么他会就近找人抱团，就形成了家族式的管理模式。我觉得这是一个比较好的传统的方法，大家就近联合起来，抱团取暖，优势互补，风险共担。"

海底捞的师傅门店与徒弟、徒孙店加起来达到六家店即可成立家族。绝大多数海底捞门店都加入了家族，形成了抱团小组。

海底捞的家族是一个松散的联合，不存在"我管理你"或"你管理我"的强制的管理关系。但是，成员有家的责任，有家的荣辱，有对家的寄托和依赖，也有对家的责任和担当，一旦家族内的门店出了问题，成员一定程度上要受连坐，关键是荣誉要受影响。

每个家族有家族标志、番号、徽章，师傅、师爷要负责协助徒弟、徒孙分析报表，协调外部关系，协助审核图纸，协调物流等其他职能部门的工作。

家族成立大会是海底捞庄严隆重的大事，代表各家族的旗帜将在会上升起。每一个新的家族都见证着海底捞双手改变命运价值观的传递。

张勇说："海底捞家族的家规也是很严的，如有家族成员违反了家规，严重的要解散家族，轻的要降旗以示惩戒。"

被降旗的家族，要在会上公布家族名和家族长姓名。被降旗的家族亦可恢复，但是必须符合两年内家族成员没有违反禁令、德不配位被撤职等几个条件，这说明海氏大家族更加强调家族成员要注重道德修养和遵纪守法。

张勇说："当我们有了家族之后，其实每个人都在为自己而战，为自己的徒弟而战，为自己的员工而战，为自己的家族而战。事实正是如此，海底捞的亲情化管理，尤其是家族制的实施，让员工有了家的温暖、家的寄托、家的依赖，也有了为家族的荣誉和兴旺奋斗、奉献的责任与担当。"

第四节　过程考核，海底捞只看两个指标

"顾客满意度最重要，为了保证顾客满意度，员工努力度就很重要，这是我们火锅店最重要的两个指标。但是这两个指标用KPI考核不出来，当考核不出来的时候，我们就会妥协，就会去找变通的办法。"

——张　勇

在整个餐饮行业面临"四高一长"（即高成本、高房租、高人工、高费用，工作时间长）的局面下，海底捞逆势而上，原因在于海底捞的经营策略发挥了作用。面对高成本，海底捞通过加强管理，从采购、收货等方面压缩成本，如批量订购、打时间差、无须加工的食材直接从第三方订购等；面对高房租，立足于"打铁还需自身硬"，坚持把品质做优，把品牌做强，变求人租门面为开发商慕名找上门求租，使海底捞门店大多选址在人气很旺的商业区，但租金成本只在3%到4%之间，为同行业最低水平；面对高人工，通过努力激发员工积极性来提高效率；面对高费用，通过全过程把控，注重每个环节，不等着下游"被水淹"以后，再回过头去找上游的原因；面对工作时间长，则通过有效排班、合理调度，解决忙闲调剂问题，所有问题靠人去解决，将薪酬和升迁与考核挂钩，调动员工发自内心的自觉性、主动性和积极性。

很多绩效考核制度设计得非常复杂，结果出来却上下都不满意。海底捞的绩效考核制度很独特。首先是总部牵头，上级和下级一起定；其次是评估标准主要就是顾客满意度这一条，不设KPI，在这个基础上，参考员工努力度，并实行食品安全问题一票否决。

张勇说："我的逻辑是，顾客满意才能确保令人满意的翻台率。成本结构相对稳定，翻台率才会带来强劲的财务表现。"

一、创意考核，引入神秘嘉宾

用什么方法来考核门店？答案是神秘嘉宾考核制度。每个季度，海底捞会委派至少 15 名神秘嘉宾到餐厅就餐并让他们对自己的就餐体验进行评级。神秘嘉宾均为第三方，由总部推选，不暴露身份，不透露结果。顾客体验评级的主要方面为：服务质量、敬业程度、食品质量、餐厅环境。嘉宾通过各自的判断，评述他们的体验。评审结束时，神秘嘉宾要提交餐厅的评级，结果交到总部指定的地方。

截至 2023 年 3 月 31 日，海底捞共召集 52 000 位神秘嘉宾，其中中国大陆以外地区的嘉宾有 14 000 位。

除了以神秘嘉宾的评级作为对餐厅绩效评估的最重要标准之一，海底捞教练组也会做相应的验证考评。

每季度，海底捞会根据神秘嘉宾评级及教练组验证，评出每间餐厅的最终评级，并将结果与各店长的评级挂钩，用于薪酬管理，以及决定是否拓店等。

最初，评级结果分为 A 级、B 级、C 级三种，后来又增加了 D 级。A 级、B 级、C 级的具体情况如下。

A 级餐厅。A 级是海底捞餐厅的最高评级。当海底捞选择新店长时，会优先选择 A 级餐厅的员工。当一间新餐厅开业时，新店店长的师傅可以分享新餐厅的利润分成。A 级餐厅的店长可优先选择新餐厅项目，其徒弟在成为新店长方面有优先权。

B 级餐厅。B 级是表现令人满意但是仍有地方需要改善的评级。B 级餐厅店长一般会提出改进方案，并寻求教练的帮助指导，也有在抱团小组内寻求师傅或其他店长帮助的情况。

C 级餐厅。C 级是海底捞餐厅较差的评级。发生食品安全事件的餐厅会自动被评为 C 级。对于首次被评为 C 级的餐厅，海底捞鼓励其店长接受为期六个月的管理培训以改善餐厅经营状况。C 级餐厅店长不可以开设新餐厅。此外，若获 C 评级的餐厅在过去一年内曾被评为 C 级，则可能撤除其店长职位。

绩效考核的确是一根指挥棒，你考核什么，被考核者就表现什么。从事餐饮服务的海底捞人深知服务和顾客满意度的重要性，深知顾客回头率、翻台率与利润之间的联系。因为不设 KPI，不搞复杂的考评，把顾客满意度作为评级标准，服务才会成为海底捞的制胜法宝。

张勇的这根指挥棒确实用得好，但是绩效考核这根指挥棒也必须慎用，用得不好就会进入误区。

海底捞在绩效考核过程中总结了八个误区和预防建议，可供借鉴：

领导坐在办公室制订标准——要与被考核者一起商量制订；

考核者不懂业务——要由精通业务且德高望重者充当考核者；

考核结果以分数绝对值评比——要实行等级排名制；

考核结果中有理论分——要只考核现场操作；

培训资料与考核表混淆——要只考核操作结果，不考核操作流程；

考核者拿着考核表在现场走来走去——考核者在现场只能

接受服务；

考核结果不沟通，为考核而考核——考核结果要沟通，帮助改进才是目标；

上级不以考核结果为晋升标准而是凭印象——要根据考核结果晋升。

任何制度都有需要完善的地方，即使制度设计完美，也必须有人去执行，而凡是有人的地方，就不可避免地存在分歧。无论多么优秀的团队，都难免受到侵蚀，让少数人产生搞歪门邪道的想法。在海底捞考核中，也很难杜绝这样那样的影响公平评价的潜规则。比如，有人反映，嘉宾去门店检查，在总部关系硬的就会提前知道；"食品安全不合格扣分多，那要看是什么样的店经理、家族长，对厉害点的来说，那都不是事……"海底捞管理层以非常坚决的态度，严打潜规则，鼓励监督、投诉、举报，一经查实，坚决处理，决不手软。

按照绩效考核和门店评比制度规定，海底捞每个季度要对国内外的全部门店进行考核，每半年召开一次抱团工作大会，公布门店评比结果，表扬 A 级门店，刺激 B 级门店，敦促 C、D 级门店整改"脱帽"。

2019 年 7 月 26 日，海底捞 2019 年上半年抱团工作大会在四川成都隆重举行。

会场内分为东南西北四大区域，分别坐着各门店店长：右前方为 A 级门店店长方阵；右后方为 C 级门店店长方阵；左前方为 B 级门店店长方阵；左后方为"脱 C"门店店长方阵，即上季度为 C 级、本季度为 A 级或 B 级的门店店长方阵。

会议公布了 2019 年一、二季度各评级的门店名单，表彰了 A 级门店店长，让 C 级门店店长签下了"誓将门店'脱 C'成功"的承诺书，又恭喜了"脱 C"门店店长。

抱团工作大会还进行了分享，让 A 级门店店长分享经验，让 C 级门店店长代表剖析原因，让"脱 C"门店的店长分享感想。

海底捞的抱团工作大会，是"人人受教育，个个受刺激"的大会。张勇、杨利娟都相信榜样的力量是无穷的，让他们自己管理自己是最好的模式。会议从始至终，坚持让事实说话，通过《A 级店经理的成长历程》《"脱 C"店经理的故事》《C 级店的缺陷》三个短片，用形象生动的事例，展示了不同评级门店的故事。A 级店经理从洗碗工做起，经过九九八十一难才修成正果。为了"脱 C"，店经理 90 天不回一次家，和管理团队通宵达旦找漏洞，想办法整改。当你看见 C 级门店员工围在一起，在电脑上查看门店评比结果，终于看见不愿看见的 C 级，哭声一片时，你会为他们伤心落泪；但当你看见一幅幅 C 级店管理缺陷的画面时，你又会觉得这些实在不可原谅。一个事实胜过一万句大话，胜过一千个誓言。抱团大会不需要高层发言，而是让店长们相互示范、相互刺激、相互教育和启发。

张勇说："抱团工作大会实际上是一个'抓两头，带中间'的管理模式，通过抓两个关键少数，也就是表彰 A 级门店店长、鞭策 C 级门店店长，来刺激和带动 B 级门店店长这个中间的多数。只要把两头抓住，就已经掌握多数了。承诺书这种形式很好，把上级对下级的命令，变成下级对上级的承诺，变被动为主动，通过这种形式来管理更加平等。"

二、分层施策，良性竞争的人才培养模式

黄军军担任店经理六年，累计得了三次 A。黄军军的人才培养模式给人的启示是，在一个家族中，只有良性竞争才能让团队更有拼劲，才能更好地去改变更多人的命运。

他也毫无保留地分享了自己的经验。

"第一，通过小组 PK 提升管理能力。我们店一共有 30 名伙伴，分为五组，每个小组有六名成员。每天部门经理和质检员会对小组工作进行加分、扣分，并将各组的优缺点发到微信群供大家学习。每十天统一评比一次，前后堂各评出第一名进行奖励，最后一名要被批评。每个月对五个小组的十项工作进行总结和排名，评比出最优秀的小组，获得 A 的小组给予奖励和表彰，获得 C 的小组要立下'军令状'限期整改，连续两个月为 C 的，由店经理给予帮助或者淘汰。

"第二，加大对担当和徒弟的关注。我们店一共有八名担当，每天大堂经理和值班经理会关注每一个人的努力程度，有一个每日加分的微信群，会把每天每个员工的优点发到群里，每天统计一次，对 A 级担当进行表彰，C 级担当由大堂经理进行帮扶。我们每十天也会把大徒弟、二徒弟、小徒弟的得分拿来评比和奖励，避免'吃大锅饭'。每个徒弟都非常努力，

表现优秀的徒弟会在交流会上分享，表现差的徒弟由区域担当和培训师负责帮扶。担当的晋升和淘汰实行竞争择优，优秀的担当可晋升为大堂经理，连续两个月获 C 的则被淘汰。通过这种方式，形成你追我赶的氛围。

"第三，重视师傅带徒弟的传帮带。接待新员工是店经理和部门经理必不可少的一项工作，新员工到店要举行欢迎仪式，让新员工自我介绍。每当有新伙伴加入时，我都会要求师傅给徒弟列一个'七天成长学习计划'。七天考核以后，在员工大会上举行谢师仪式，我会帮出师的新伙伴准备一份礼物送给自己的师傅。新员工有一到三个月的迷茫期，我会带着大堂经理、后堂经理和值班经理，给他们列成长计划，每月进行跟踪考核，以奖励为主、处罚为辅。如果没有完成计划，师傅和徒弟就一起写一个承诺书，接受大家监督。每月我会组织师徒和新员工开茶话会，总结师傅带徒弟的方法，由优秀师傅分享带徒弟的技巧，师傅们可以相互学习。店里每月评出星级师傅，在月初的大会上进行奖励和表彰。

"第四，实施员工业务水平提升计划。每月底组织管理层总结本月工作开展情况并计划次月工作，根据大家提出的问题，提出相应的解决方案。对个人业务水平差的员工，会列出一对一的帮助计划。针对共通性业务，我们会组织比赛，比如，开展美甲比赛，组织配料房的员工进行一分钟记忆法比赛，促使员工精进业务，让员工做到一岗多能，熟能生巧。

"第五，实行亲情化管理，增强黏合度。我会不定期对员工餐、宿舍等情况进行匿名调研，解决员工反映的现实问题。我会根据员工的口味在员工餐中增加辣椒炒肉、回锅肉等菜品，为来自不同地区的伙伴们分别准备醋、油泼辣子、辣酱等，让大家觉得员工餐有家的味道。每个周末的两次加餐的菜单，都是我带着员工餐师傅和部门经理一起制定的，一周工作下来很辛苦，让大家享用一顿美味，感觉'累并快乐着'。宿舍方面，我主要是收集并解决员工关心的问题，并每周评比优秀宿舍。每逢过节的时候，我还会给优秀员工的父母寄一些礼物和感谢信，给有小孩的员工寄送一些学习用品和衣服，让孩子感受到关爱。我也鼓励员工通过努力把孩子接到工作地，实现工作、生活双丰收。"

三、自我调整，绝地反击的"脱 C 冲 A"模式

担任店经理一年，连续两个季度门店都被评为 C 级，第三季度"脱 C 为 B"，韩国五店金明媚分享了自己"脱 C"的心路历程。

"我们门店前两个季度都拿了 C。第一次拿 C 时，我认为可能是我工作没做好，自己在门店做了调整。第二次依然拿 C 的时候，我很沮丧，师傅开导以后，我做了自我检讨，提升了自己的执行力，做了四大调整。

"第一，积极吸取经验。我利用片区内每周店经理交叉打卡的机会，当每一个店经理来我们店或者我到其他店去巡店的时候，我都会发现很多值得学习和需要改进的地方。发现的门

店问题，只要一个个去解决，问题就会越来越少。

"第二，优化门店环境。我们门店没有等候区，后来经物业同意定制了长方形沙发摆在墙角。在国内门店学习的时候，我们发现了新的等位椅，两把椅子叠起来可以当小桌子使用，就马上采购一批回去，这样就可以给顾客提供柠檬水、棋牌了，门口等候的顾客体验大大提升。

"第三，提高员工的业务能力，坚持在现场发现问题并及时纠正。我每天早会都会同员工分享昨天做得好的案例，对表现好的员工进行表彰和奖励，还会把发现的问题整理成催办单分发给管理层，规定在期限内必须解决，我亲自负责检查，并及时做出奖惩。

"第四，抓顾客的满意度。我会亲自面试所有招聘来的员工，不管是正式工还是小时工，以保证员工质量。我们制作了抓顾客表，表格非常小巧，一张纸上能有 20 到 30 个顾客的信息，包括顾客的体貌特征、群体，是朋友聚餐还是家庭聚会，是情侣还是同学等。我们会每天培训，要求担当各自负责自己的区域，带着自己的徒弟一桌一桌去抓顾客，真正了解不同顾客的不同需求，有针对性地为每一桌顾客提供更好的就餐体验。"

绝地反击，终见成效，第三季度，他们成功"脱 C 为 B"。

第五节　当任担责，拼到气尽力竭

> "一个人要是有责任心，敢于大胆负责，事情就好办了。你看日本的担当就专注做事，自始至终你都找他，他就负责到底。这就是我把我们门店的领班改成担当的由来。"
>
> ——张　勇

领班就是比员工高一级的管理人员。有人讲得直白："领班领班，领头上班。"还有领班曾抱怨道："你要管严了，人家会说是某某领导叫我怎么样的；你要不管，上级又会说你是干什么的。"看来，这领班官不大，事情却不少，而且很不好当。

在海底捞，领班是干什么的？时任海底捞西安片区经理助理方双华说："领班每天与其他员工生活、工作在一起，下面连着普通员工，上面连着店长，是企业的黏合剂，作用很重要。领班的第一个职责是起到带头作用，第二个职责是关心员工，第三个职责是协调安排。领班要知道蚂蚁搬家的道理，所有蚂蚁都在忙，但一定有一只大蚂蚁在旁边协调安排，这只协调安排的蚂蚁就像是我们的领班。"

海底捞有一段时间把领班改称为"小客户经理"，但时间不长，在张勇的印象中，这个岗位一直就叫领班，后来改为担当。

一、专注担当，负责到底

张勇说："在日本，无论是政府的担当大臣、担当相，还是企业的事务担当，明确承担一件事情，你就要专注、专一负责到底。"

"担当"本身是一个汉语词，意思是接受并负起责任，语出《朱子语类》八十七卷："岂可不出来为他担当一家事？"广义上的担当，是指在团队中特别优秀，明显能力高于其他人，可以带领其他人一起学习进步，也可以让这个团队吸纳更多粉丝的人。在企业管理中，担当一般是指具体某个岗位的负责人、执行人，比如检测担当、交流策划担当等。日本企业里的担当，是指承担责任的类似于分店经理的职位，一般由有责任感的、团队中出类拔萃的人来担任。

从日本的情况看，大到政府的担当大臣，小到企业的担当，他们都有两个共同的特点。其一，就是使命感，这种使命感表现为责任感。在职责需要的时候，毫不犹豫，责无旁贷，挺身而出，并于承担义务中激发自己的全部能量。其二，就是专心致志。承担一件事就要善始善终，从头到尾全权负责全过程所有情况的处理，直到事情结束为止。

张勇每干一件事都有很多思考，背后都有故事。说起为什么要把领班改为担当，他讲了拿破仑的故事。

张勇很欣赏拿破仑，他特别提到拿破仑在马伦哥战役中的表现，当时法军处于被动，但拿破仑一直靠前指挥，关键时刻都亲临一线，形势危急时，仍沉着镇定，抱着获胜的希望坚持下去，最终取得了胜利。

张勇认为，拿破仑是最有担当的人。企业培养的人才，就是要善于学习，就是要敢于担当，关键时刻冲在一线、拼在一线，像拿破仑那样和大家一起拼到最后。

2019 年 4 月 14 日，海底捞在 OA 系统发布了《关于"小客户"名称更改为"担当"的通知》，规定担当的职责为：对外负责保证顾客满意度，对内负责培训徒弟。从 2019 年 4 月起，店经理必须每月对担当进行排名，排名不可并列，门店内综合排名靠前的担当晋升为后堂、值班经理。这个通知，首先明确了担当的职责和作用。担当必须专注于两件事，一方面要抓顾客，看谁抓的顾客最多，看谁对顾客服务最好，让顾客最满意；另一方面，还要负责培训徒弟，搞好"传帮带"。

张勇说："担当是在门店当中直接为海底捞挣钱的人。只抓顾客还不行，只会挣钱也不行。我看重的首先不是钱的事，我更看重人，我希望担当能给我带出更多的徒弟，培养出更多的人才"。"传帮带"要求很高，不仅要把技能传授给徒弟，还要把理念、文化、道德修养，包括"双手改变命运"的核心价值观传递给新人。

"不仅如此，我还明确要求，今后门店许多岗位都可以改为担当。门迎组叫门迎担当，服务组叫服务担当。组里不搞组长之类的职务，直接排序为大担当、二担当、三担当，谁排前，谁牵头负责，大担当不在就二担当负责，大担当晋升或被调走了就二担当接任。实际上，把领班改担当是贯彻一种新的敢于负责的理念，通过一种新的管理模式，连续不断地培养出狼一样的队友。"张勇说。

对张勇的意图，海底捞人总是理解得很接地气。"担当就是每天都可以挣两百块钱。"这是哈尔滨三店刘宏岐的理解。

在写给父亲的信中，他说："对了，爸，有个好消息告诉您，我前两天因为表现好，被提为担当了。担当是什么？简单地说，就是每天都可以挣两百块钱，一个月可以挣五六千了。经济终于不再那么窘迫，不会'月光'，可以有点积蓄，稍微有那么点能力回报您了。快告诉我，您想要什么，我回去买给您。

"爸，您不用担心家里，我会像您一样，担起所有的责任。"

二、勇于担当，用心负责

任何一项改革创新，都不是一蹴而就的，都有一个完善的过程，海底捞领班改担当也是如此。

首先，担当如何提高顾客满意度。一个叫小文的担当反映："虽然说担当肩负着保证顾客满意和培训徒弟的使命，但在我待过的几家门店，大多数担当对工作并没有自己的想法，每天大堂经理让干什么，就干什么。现在的担当，尤其是新店的担当，不知道维护顾客，也不知道评比回头率、满意度。

有的服务担当自身看台数量较多，都在围着自己负责的餐位转，明显没有更多时间和精力去关注徒弟负责的顾客是否满意。"

西安某店的员工也说："服务担当要看比较多的餐位，还要巡台，多数时间是顾不过来的。而且巡台就会脱岗，尽管有搭档，但脱岗也会造成自己负责的顾客需求不能及时得到满足。此外，担当巡台时，把时间都用在了帮团队其他人下菜或者添菜上，也没怎么体现出抓住新顾客、维护老顾客的作用。"

其次，担当如何带徒弟。小文说："培训徒弟也是担当的重要职责之一，多数担当在带徒弟方面不是很有方法。公司要求担当做亲情化工作，走进徒弟的心，在生活和工作上帮助徒弟做规划。事实上，担当与徒弟之间的关系并没有那么亲密。"也许是她去过的几家门店才存在这种状况，但她的感觉真的不那么好。

上海某员工曾反馈："我真的是一个很失败的师傅，他们说我把别人带到沟里了。想想也是，师傅当初是怎么教我的，我真的想不起来了。我真不知道如何带好徒弟。"

最后，对担当如何考核淘汰。小刘是不久前被淘汰的担当，她表示，公司对担当淘汰有相关规定，但店经理说的和做的不一样，这不公平。小刘认为，门店担当之间本身有竞争关系，日常工作中又有各自的负责区域和徒弟团队，所以工作沟通比较少，生活方面的交流就更不用说了，但她所在门店的经理却采取相互投票的方式来确定淘汰人选。说好了每天评级，每个月按照每天评级的结果来确定淘汰人选，可是最终确定淘汰人选时，却是让担当们互相投票决定的。小刘认为自己在做担当期间，对坐在自己负责区域的银海以上会员照顾得很到位。带徒弟方面，在大徒弟业务比较熟了以后，也开始教徒弟怎么抓员工，怎么抓顾客，还跟他讲企业文化、评级制度等。但多数担当对徒弟的培训是比较少的，业务指导不是特别多。新店开得太快了，被凑上去的担当业务能力比较弱，门店的日常评比工作也没跟上。

海底捞内部分析认为，在贯彻领班改担当的过程中，各门店之间的确有差距，也因此引起了人们的关注和争议。从人们对担当的关注当中，也更加体现出了担当的重要性、必要性，更加体现出了张勇这一创新背后的战略意图。

第六节　先有门店，才能战斗

"我们有多少店长，就开多少店！"

——张　勇

一、筑牢堡垒，夯实基础

在海底捞的组织架构中，门店是最重要的。如果说在海底捞的产业链中，火锅是最重要的核心，那么门店就是火锅产业的基础。按照海底捞的组织架构，总部直接对接的是门店，也就是说，张勇的决策要执行下去，落到实处，见到成效，就要直接依靠门店。如果说海底捞的决策来源、发展计划不同于其他企业，是由下而上制订的话，那么也可以说，海底捞的生存发展取决于门店。

人才是海底捞发展的基石，店长则是基石中的基石，选出好店长就成了开好一家门店乃至拓展出多家店的希望。

海底捞在店长的选择上，坚持"以德为先，德能配位，德才并举，能者上，庸者下"的原则，店长要坚持一个理念，树立四个意识，具备五种能力。

坚持"一个理念"是指坚持靠双手改变命运的理念。

树立"四个意识"是指树立经营意识，通过火锅餐饮为消费者服务，获取收入，让职工获得较高的报酬，使公司获得较好的经营效益；树立服务意识，始终牢记宗旨是为顾客服务；树立大局意识，凡事从门店的长期生存发展着眼，从海底捞的全局和长远发展构思；树立危机意识，要居安思危，凡事从坏处着想，往好处努力。

"五种能力"是指超强的业务能力、驾驭能力、协调能力、亲和力和创新力。海底捞店长要具备超强的业务能力，他们都是在曲折中成长，在挫折中前进的，从员工升到店长，靠的是心血和汗水。海底捞店长要具备超强的驾驭能力，尤其是在海底捞扁平式的组织架构下，门店的全局就靠店长去驾驭把握。海底捞店长要具备超强的协调能力，餐饮是"摆开八仙桌，招待十六方"的行业，来的都是客，什么样的情况都可能发生，员工之间的矛盾需要协调，员工与客人之间的矛盾需要协调，客人与客人之间的矛盾也需要协调，对有些不按规矩出牌的人和事，还得随机应变，灵活处置。海底捞店长要具备超强的亲和力，对顾客亲和，建立朋友圈；对员工亲和，让员工感动；对社会亲和，改善环境，树立形象，提升品牌影响力。海底捞店长要具备超强的创新力，在残酷的竞争面前需要创新适应，海底捞裂变式的发展也需要创新，不具备创新能力的店长早晚会被淘汰。

海底捞的店长这一角色非常重要，可以说是上管天下大事，下管鸡毛蒜皮。但实际上，张勇只要求店长做好三件事。

1. 抓好顾客满意

认为顾客是上帝也好，认为顾客是老板也对，反正员工要以把顾客服务高兴为目的。怎么强调服务顾客的重要性都不过分，更关键的是服务最终是为了收钱，钱要从顾客包里掏出来，顾客如果不满意，就不会掏钱，至少他不愿意。即使东西都吃了，不得不掏，但这次掏了，下次他也不会再来掏了，甚至还有可能影响其他人也不来了！如果让一个顾客满足了，他可能影响另外两三个顾客；如果让一桌顾客满意了，他们可能影响三五桌顾客；假如某位顾客在海底捞满意到一定地步，他可能会在网上分享，那影响的面就宽了。

2. 调动员工激情

门店经营的关键是翻台率，翻台率高的关键是顾客满意度，顾客满意度取决于员工积极性。员工积极性高了，就会主动用心地想办法让顾客满意。如果店里的员工都快乐地工作，全力投入去让顾客满意，那顾客可能不满意都满意了。要调动员工积极性，店长必须努力做到尽量给予和尽情关怀。给予，就是在物质上让员工多收获，让员工有获得感；关怀，就是在精神上多慰藉，让员工有幸福感，包括关心他们家人的健康及家庭生活等。

3. 抓好人才培养

海底捞的店长最重要的一项任务是，传承"双手改变命运"的核心价值观，让每个员工都能够在海底捞这个平台上，创造属于自己的未来。无论什么学历，无论什么年龄，只要艰苦努力，只要坚持不懈，员工都会有更好的未来。而员工适合什么样的岗位，就需要店长去帮忙设计和规划，这个设计和规划从来不是走过场。

二、依靠骨干，建立矩阵

再能干的店长单打独斗也是不行的，必须依靠团队。一个门店的员工少则几十人，多则上百人，店长必须培养骨干，依靠骨干，建立好矩阵，实现简单有效的管理。

海底捞门店的工作，分为大堂、后堂、值班三个部分。大堂工作由各大堂经理负责，下边有三个组，分别是服务组、门迎组、保洁组。服务组的设置根据门店大小确定，大的门店可按区域划分为几个服务组，小的门店则只设一个服务组。服务组安排担当负责带领徒弟服务，担当下边依次是大徒弟、二徒弟、三徒弟。门迎组根据门店大小可设二至四名担当，保洁组不设担当。后堂工作分别由配料房、上菜房负责，配料房主要负责配制锅底、小吃、员工餐，上菜房负责备菜（包括洗菜、切菜、装盘）、传菜和洗碗等。值班工作由值班经理负责，包括接待晚上 10 点至早上 9 点到店的客人用餐，按照工作情况，可配前台担当和后台担当。

三、围绕店长，构筑联系

事物都是普遍联系的。任何一个单位和个人，都必然在圈子与圈子间产生很多联系，有些是有意识的，有些是无意识的，可能在联系被破坏，平衡被打破后，才会让人发现其重要性。海底捞的店长们非常注意这些联系，他们运用张勇的哲学思维，建立起了全方位的关系网。

1. 对上的联系

上级越是尊重下级，下级越是尊敬上级。店长们坚决执行高层的决策，同时在实践中验证决策的合理性，客观反映问题，并积极沟通解决。店长也会主动与总部、各部门和教练保持联系，有问题及时交流，吸收他们的经验和智慧来改善门店经营。

2. 对下的联系

店长与普通员工保持着平等的关系，他们都是大家庭中的兄弟姐妹，店长会关心员工的工作、收入、衣食住行，甚至家庭情况，还会时时关注他们的心理状况和情绪变化。尤其是当员工受到降级处理，或遇到具体困难时，店长会主动关怀、谈心，帮助他们释疑解惑，想办法为他们排忧解难。

3. 横向的联系

店长一般会参加抱团小组，组内各店保持联系，互通信息，共享资源，互相借鉴管理经验或教训，共同解决自己力所不能及的困难和问题。没有参加抱团小组的店长，也会与兄弟姐妹店之间保持联系，随时交流经营情况，分享有关案例，讨论创新方案。

4. 对外的联系

任何一家门店都在社会中存在，都会去建立系统以外的联系，海底捞店长都非常重视并妥善处理门店同社区、慈善机构等组织的外部联系，这不仅为门店经营创造了和谐的外部环境，还在很大程度上提高了海底捞的品牌影响力。

▼

第三章

你管理的是员工，我管理的是家人

在对员工的亲情化关怀上，海底捞积累了良好的口碑。"每个人都需要关心与被关心，而这个关心基于一种信念，那就是人人生而平等。"张勇通过充分激发每个员工将海底捞当家的热情，成功地让海底捞拥有了不可复制的商业模式。

第一节　只有更优秀，才能更值钱

"企业为员工搭建的平台是相对平等公开的，信息很畅通，所有伙伴都知道晋升标准，每个人都有晋升机会。刚入职的新员工什么都不懂，公司会安排一个师傅，带着新员工熟悉业务，帮忙制订短期和长期目标。有了目标才有方向，达到了目标自己才会变得优秀。人们常说，机会都是留给有准备的人的，人只有优秀了才会变得值钱，所以员工上进心都很强。"

——杭州三店后堂经理　田树军

海底捞十分注重人才培养，员工从第一天入职起，就要接受各类培训，在此基础上，总部还专门设置了教练组，助力员工培养，储备优秀人才。

一、讲训练，师带徒

1.入职培训

入职培训共分三大板块。第一板块包括海底捞的三大目标、服务宗旨、海底捞员工"四不准"、"海底捞"的含义、海底捞的用人原则、海底捞的岗位、培训基地对员工的要求。

第二板块包括海底捞的各项管理制度、海底捞誓词、店歌《携手明天》、海底捞给员工的发展路径和岗位分化流程。

第三板块包括海底捞的岗位描述、岗位职责，服务员的精神风貌、礼貌用语，海底捞历史和公司的五条高压线，员工操作细节，员工激励方法等。

2. 下店培训

海底捞的新员工到店以后，门店会指定一位老员工带着新员工熟悉各个岗位的工作，这就是新员工的师傅，还要举行拜师仪式。师傅不仅要教技能，还要教徒弟做人，教徒弟遵规守纪、团结同事、互助合作、吃苦耐劳。师傅与徒弟之间的关系终身绑定，徒弟今后当上店长、家族长、教练，甚至当了副总、决策委员，都必须要认师傅。徒弟一旦有出息了，不能忘了师傅。除了师傅，门店还有专门的培训师，针对各个岗位的职责要求、职业技能、操作流程和注意事项对员工进行培训。

3. 门店管理层的培训

海底捞门店员工分别由大堂经理、后堂经理、值班经理具体管理，他们根据业务需要，分别对自己管理的团队进行培训。店经理每周开两次会议，每月开一次职工大会，除了分析总结，就是针对问题进行培训。

开会不只是管理层讲，而是员工先反映问题，再由管理层来解答，管理层还要跟新员工分享服务技巧。常州四店店经理张桂丽非常喜欢带着员工练习礼貌用语，她的激情很高，店里没有培训师，新员工基本都是她和大堂经理培训的。培训时，她会跟员工打比方，深入浅出地讲解："今天我去你家走亲戚了，你怎样接待我呢？我要先敲门，你再把我迎进来。迎进来之后，你要让我先坐下，坐下以后倒水，把你家的零食拿出来……客人永远是客人，我们一定要有主人翁意识，要让客人跟着我们走。"

在等候区，门店的免费项目是贴到桌面上的，张桂丽要求他们店的员工必须给客人介绍。门口摆了三张桌子，只要客人往那儿一坐，各项服务都必须要跟上。给散着头发的客人送橡皮筋，给戴眼镜的客人送眼镜布，甚至还要给客人上粥。门迎组有两名担当，分别负责在两个区域跟客人沟通交流。"在我们店，客人不能自己倒水。凡是从店门口过的人，门迎都要对其打招呼。"这些都是张桂丽亲自培训的。

4. 转岗培训

门店中有很多岗位，员工在一个岗位熟练以后，会转到另外一个岗位去学习。这个时间短则两三天，长则一两个星期。还有更长时间的，有的是被安排去兄弟门店取经，比如说门店被评为 C 级或 D 级以后，管理层为"脱 C"去学习 A 级或 B 级店怎样才能亲情化地调动员工积极性，怎样维护顾客，提高顾客满意度。也有的是为了培训骨干被"牵去遛马"，就是让员工离开母店到一个陌生环境去培训，看其有没有适应环境的能力，有没有独立工作的能力，尤其是面对全新的团队，能不能让自己表现出来，显示出本领。这种培训，一般是给后备店长或即将开拓新店的大堂经理级别的管理人员准备的。

5. 后备店长的脱岗培训

店长提名的徒弟（通常为大堂经理），将接受为期 15 到 30 天的海底捞学习发展中心脱产培训，培训结束时接受评估，评估合格的候选人才有资格成为店长。对于特殊岗位，除了师带徒、店内培训和员工自学，海底捞还要通过专业培训来提高员工的专业技能，如变脸、看台、切羊肉、传菜等。

二、逼你学，让你考

施永宏说："各级员工都要培训，培训资料要尽量有趣，以实践操作为主、理论培训为辅，培训后一定要考试。培训的过程就是选人的过程，绩效和升迁不跟上，培训等于白做。"

正是基于这些理念，海底捞透明的晋升机制加上逼你学习的措施，促使企业建设学习型企业，团队也成为学习型团队。

首先是考试施压，逢训必考、逢升必考，技能水平不达标就没资格晋升。其次是考核施压，海底捞认为，不会培养人才的管理者，不是优秀管理者。对管理者的人才培养能力要进行严苛考核，管理者不会培养人才，培养不出店长，员工就没有成长空间，肯定没有积极性，员工没有积极性，顾客肯定不会满意，这就是张勇的逻辑。最后，倒逼自学，通过评比、竞赛、分享促使员工学习。

海底捞每一个店长，甚至员工都感觉得到巨大的压力，他们知道自己随时可能被淘汰，都非常自觉地学习，店长们晚上11点之后回家，经常再看一两个小时的书才睡觉。

海底捞在总部和门店之间设了教练组，这不是一个领导层，定位是联系协调，职责是指导帮助。海底捞教练组有两方面比较厉害，一是负责餐厅的评级，二是可以向杨利娟直接报告。

海底捞有四个教练团队，每个团队六到七人。海底捞把国内外门店分成四个片区，每个教练团队平常负责联系一个片区。片区各门店遇到问题，可以直接向教练团队询问或请求指导。门店在考评中被评为 C 级或 D 级，可以选任何一个教练团队请求指导，也可以不选择教练团队而选择抱团小组负责指导。

海底捞教练都曾担任过店长或拥有门店工作经验，部分教练为全职教练，有的教练也兼任部门主管。

海底捞教练组对餐厅的具体指导内容如下：

新店拓展战略，就选址及租赁谈判提供指导。

员工培养，管理为大堂经理及后备店经理提供的海底捞学习发展中心培训计划。

绩效评估，进行餐厅的绩效评估。

工程，协调餐厅的装修及翻新工作。

产品开发，开发新的菜品并改进现有菜品。

财务，规划、组织财务工作，核算、监控财务状况。

绩效改善，为 C 级餐厅提供指导。

新门店支持，为新餐厅的开设进行督导及规划，培训餐厅员工以及为新店长提供综合指导。

人力资源管理，面试候选人，提供培训员工并与微海咨询联络。

第二节　不谈钱的老板不是好老板

> "尊重是成功的基础。一个人只有得到了尊重，才会友善待人；一个员工只有得到了尊重，才会尊重自己所做的工作。企业为员工考虑得多，员工就会增加对企业的责任感。"

——张　勇

一、谈钱才是对员工最好的尊重

有人说："张勇你的核心价值观产生了巨大的凝聚力和向心力，让员工深深相信并跟随你奋斗。每个企业都有核心价值观，但能把企业核心价值观转化为员工共同的核心价值观的很少，能够让核心价值观再激励员工为企业发挥巨大作用的就更少了。"

张勇说："企业的所有行为都不应该被高估。不是说企业不要讲情怀，企业家本人或者高管讲情怀，我是举双手支持的。但是，要我让员工天天讲情怀，我实在说不出口，他们是等着领钱回去买米下锅，不然来上啥班呢？你天天让他们讲情怀，无非就是喊他们少拿点钱嘛。多的钱跑到哪里去了呢？到我这里来了。我当然高兴，那员工很高兴吗？双手改变命运，先要让员工挣到钱。"

张勇认为，谈钱才是对员工最好的尊重。

有了钱才能维持最基本的生存，有了钱才能确保自己的安全空间。只有这两个层级的需求被逐渐满足后，员工才能真正将精力放在工作上，放在关心和推动企业的发展上，帮助企业创造更多、更好的效益。所谓待遇留人，这是一条定律。

张勇说："我一点不反对企业或企业家同员工一起谈理想、谈信仰、谈情怀，恰恰相反，我们尤其要注重企业文化建设，注重员工的思想和道德修养建设。

"按照历史唯物主义的观点，人们必须先吃喝住穿，才能从事其他一切社会活动。员工本人，当然也包括他们赡养的老人、供养的子女，如果基本吃住问题都解决不了，那跟他们谈什么都是虚的，他们都听不进去，他们不会相信！他们不相信你和你的企业，你就不可能让他们安心在这里工作，即使留下，他们也不可能用心去对待顾客。

"我就是要让员工多得，他们太辛苦了。他们多得了，我不是得的更多了吗？这也是我的员工逻辑，算大账、长远账、总体账。

"2010 年，我看了一部电影叫《让子弹飞》，姜文到了鹅城后说，他到鹅城只做三件事，第一件事是公平，第二件事是公平，第三件事还是公平。

"我简单地理解公平，就是吃一碗粉给一碗粉的钱，吃两碗粉给两碗粉的钱。这就是《让子弹飞》告诉我的。但我这时才发现，海底捞没有做到这一点。当时，海底捞翻台率特别高，我问员工开心吗，他们说很开心。后来我想，不对啊，我们店的翻台率是 5 ～ 6 次／天，而隔壁的翻台率是 1 ～ 2 次／天，他们的员工挣 500 元，那我们的员工应该挣到 1000 元才合理。

但是事实上，我只给了 600 到 700 元，这公平吗？

"生意好，最开心的是我。员工也应该开心，但没那么开心。他们挣着一样的工资，但是付出了几倍的劳动，这就不对了。这是计件工资制在我脑海里存在的理论基础。但是，当时我没有找到解决的方法。直到 2014 年，我去美国考察，吃了一顿大餐，受人家客人给服务员付小费的影响，回来才设计了海底捞计件工资制。

"计件工资，本质上是多劳多得。传菜、前台、迎宾，不同的岗位有不同的标准。员工每传一盘菜，就知道自己挣多少钱，全天挣了多少，一目了然，很透明。不管是老员工还是新员工，做相同的工作，计件单价都是一样的。这样员工明白自己的工资构成，就有一种幸福感，工作特别投入。"

按照这个制度，员工的工资高低同生意好坏成正比，同个人的工作量成正比，得到的回报多少同付出多少成正比。员工的个人薪酬与劳动数量、质量直接挂钩，有效地调动了员工工作的积极性。

员工一旦晋升为店长，则有机会享有门店利润提成。更主要是一旦当了店长，就可以掌握整个店的经营大权，就要承担关乎一两百人吃喝住穿的大事，就有了施展才能和为更多人创造幸福的空间。

店长的薪酬有两种方案：一是基本工资＋绩效工资；二是基本工资＋本店分红＋徒弟店分红＋徒孙店分红。海底捞还对店长薪酬实行保底。比如无拓店的店长，因战略布局拓店而效益亏损的门店店长，非因店长能力不足、违纪违规等导致门店被评为 C 级、D 级，包括非因员工积极性不高、顾客满意度不高而被评为 C 级、D 级的门店店长，公司都会对他们的薪酬实行保底。

张勇还制定了一个勉励员工扎根海底捞、肯定老员工贡献的奖励政策：为达到一定工作年限的员工颁发纪念章和金元宝，每工作满五年颁发一次。

二、股权激励：这是我们的船

1. 解决后顾之忧，量化员工贡献

张勇说："其实员工、顾客与股东的关系，是被法律框死了的，界定得很清楚，但我也有我的看法和做法。你如果是一个股东，出钱后法律保护你的股权，社会各方面都看重你，人们也觉得你是老板，了不起。但你若是一个打工的，那就不一样了。你现在很年轻、很努力，老板说：'没事，你跟我干。'他说这话的时候，你 20 岁。30 年以后你 50 岁，他说：'你的能力跟不上了。'你咋办呢？只能离职退休。但是，你那么多年的贡献没有固定下来，企业发展成果你没法享受啊！

"我个人觉得，员工的贡献应该被固定下来。海底捞的师徒制，就解决了这个问题。通过师徒制，我们就把师傅带徒弟背后实际上存在的知识产权固定下来了。因为，假如我在海底捞当店长，我培养了他，他成为店长之后又带了好多徒弟，他

们店的收益我都有份，相当于我这个店长是海底捞的老板。"
海底捞店长不仅享有自己店的分红，还可享受徒弟店、徒孙店
的分红。

2. 奖励骨干，推出股权激励计划

2021 年 5 月 20 日，海底捞发布公告，将推出股权激励计
划，设置条件授予 1500 余名员工及顾问 1.43 亿股股份，按 5
月 21 日海底捞港股收盘价每股 45.8 港元计算，这些股份总
价值约 65 亿港元，平均每个员工能拿到接近 420 万港元的股
份。这一举措既有利于激发员工的主观能动性，又能稳固核心
运营队伍，培养中坚力量，为海底捞长远发展打下坚实的人才
基础。

这是在原有家族制管理的基础上，更进一步强化员工、公
司、股东形成的利益共同体，从根本上实现稳定和发展。

三、晋升之门时刻为你而开

"一个好的升迁体系，对一个企业是至关重要的。"

——张 勇

海底捞让员工快乐工作的一大举措就是晋升激励，普通员
工有晋升通道，管理者大多在内部产生，所有的管理者都从最
底层做起，只要坚持苦干实干就能改变命运。

张勇对人才十分看重，他对人才的要求很高，但归结起来
就两句话：才要超群，德要配位。具体如下。

其一，要选拔有相同价值观的人才。道不同不相为谋，不赞同核心价值观"双手改变命运"的，再优秀也不要。

其二，重骨干，看能力，讲实效。

其三，坚持从内部、从基层培养提拔干部。

其四，广开门路，不拘一格选拔人才。

最后，坚持"忠诚、干净、担当"的底线，对干部严管厚爱。凡是触及底线的，哪怕没有触犯法律，只是涉及人品问题，也决不迁就，一经除名永不录用。

1. 通畅的晋升路线

海底捞为餐厅员工设置了公平清晰的晋升渠道。

员工走管理路线：新员工—合格员工—优秀员工—实干担当—优秀担当—实习大堂经理—优秀大堂经理—后备店经理—店经理。

年龄偏大的员工晋升路线：新员工—合格员工—优秀员工—先进员工—标兵员工—劳模—功勋（享有相当于店经理的福利待遇）。

海底捞的店经理选拔路线：选拔进人才库—大堂经理—店经理。

家族长的晋升路线：家族长—优秀家族长—模范家族长。

各级家族长的标准：

家族长，自己所管理门店与徒弟、徒孙店达到六家并正式成立家族；

优秀家族长，所管理门店在小国家／区域内落地，实现本土化；

模范家族长，所管理门店在海外实现本土化的同时，创新管理模式及经营模式并有效推广。

2. 发展的最大瓶颈是人才

对于依靠员工努力，用心创造差异化服务而赢得顾客青睐的海底捞，到底应该如何不断地复制出新的门店，并保证新门店能始终保持同样的"味道"、服务品质、管理水平？先要复制出更多的张勇和杨利娟。

张勇说："对连锁企业经营者来说，在解决商业模式和供应链标准化问题之后，最大的瓶颈在于人才。早在十多年前，就有投资者要投资海底捞，帮助海底捞发展。有人认为海底捞门店既然非常赚钱，就可以大量拓店。也有不少人建议我搞加盟连锁，迅速扩张。我对此异常冷静。加盟连锁是不可行的，因为无法传承。光有资金也不行，因为有钱开餐馆的人很多，但是好多人都没定力，今天开张过几天就关门是常事。"

3. 师徒制是复制人才的快捷途径

师徒制的建立，为海底捞的裂变式发展找到了快捷通畅的路径。换句话说，正是师徒制快速复制出了一大批优秀的人才，一个店长带出几个后备店长，一个大堂经理带出几个后备大堂经理，一个优秀担当带出几个优秀担当，为海底捞的裂变发展奠定了坚实的人才基础。2018 年招股书显示，海底捞人才金鹰池储备的后备店长超过 400 名。

张勇说："师徒制使张小军这样的店长由三年培养一个徒

弟变为一年培养三个徒弟。因为有利益，带出一个徒弟就有几万元的分红，徒子徒孙多了，威望就高，发展就快，利益就涨，就能多挣钱，这就是师徒制培养模式。我们这个人才培养模式及计划方案是公开透明的，同利益绑定的，所以各方面都接受，积极性都非常高。"

4. 不搞空降，从基层做起

张勇说："海底捞强调的是能干事、会干事、干得起事。店长一般不搞空降，必须要有门店经验，要熟悉门店业务，有多数门店岗位的实践经历。店长、大堂经理等新门店的管理团队，一般在师傅门店里选拔。在这里不看年龄，不看学历，不看背景；看努力程度，看劳动态度，看忠诚度，看能力，看水平。

"加入海底捞的员工，流动率在头三个月会比较高，因为门店生意太好了，工作确实太累了。三个月到一年之间，员工流动率有所降低。等过了一年，员工就比较稳定了，能做到店经理就非常稳定了。"

5. 组织起来，形成优秀的团队

早在 2006 年，张勇就认识到把优秀的员工组织起来的重要性。海底捞每年接待几百万名顾客，这些顾客大多数是冲着海底捞人的勤奋而来的。这足以证明，相当一部分的海底捞员工是优秀的。张勇坚信，把他们组织起来，能够影响更多人留在海底捞工作，为更多人提供改变命运的平台。

张勇说："只要个人肯努力，学历、背景这些都不是问题，他们身边榜样的今天，就是他们的未来。我们会告诉刚进来的员工，只要你好好干，我们一定会提拔你，这是我们的承诺。

"我们很多员工来自农村，无学历无背景，很难在城市里面过上体面的生活。谁也别怪，怪就怪自己没有该有的智慧，没有付出足够的汗水。要把失去的补回来，唯一可以利用的本钱就是双手。

"要清楚员工命运与海底捞命运的关系，个人的力量与组织起来共同奋斗的力量的关系，聚集'众人划桨开大船'的能量，为更多员工提供双手改变命运的平台——拼命吸引更多的顾客来海底捞吃饭，不断开分店，提供足够的职位，来改变更多人的命运。"

第三节　打开沟通之门

> "我们餐饮业的员工选择这份工作很大程度上是为了生存。其实我们这里没有什么特别的，就是同事之间彼此关心。"
>
> ——张　勇

"人人生而平等"的哲学理念，在海底捞体现为简单有效的工作方法——沟通交流。无论是重要发展战略的制定，还是新制度的出台，无论是重大项目的论证，还是员工情绪的梳理，张勇都主张用沟通交流的方式，充分听取员工的想法、意见和建议。这是海底捞团队建设的路径和举措，也是海底捞增强组织力、提高效率的秘诀。

张勇带头，精英们效仿，教练们比照，层层传递，沟通交流成了海底捞的一种工作模式和管理习惯。

一、放下架子，互动交流

张勇主张把员工当家人，是家人就没有高低贵贱之分，他常常像家长一样关心员工。在平常交流中，他不主张"我说你记，我安排你就做"，而是通过沟通交流，让大家理解并从内心接受他的想法。

2019 年 10 月，张勇在日本考察期间，分别邀约五家日本门店的店经理，先是通过喝茶聊天的方式了解门店经营、本土化等重大问题，又抽出时间和他们共进晚餐，边吃边问他们在异国他乡是否习惯、家里有什么困难，帮他们分析如何努力实现发展目标，还叮嘱他们要照顾好自己，特别是注意人身安全。几位店经理激动得流泪。

张勇还常常和店长们交流人生理想、企业发展等话题。在一次家族长聚餐会时，他与张小军交流了创业问题。

张小军说："听说马来西亚的马经理要回来了。"

张勇说："20 号以后。他以后就是考虑创新业态，把马来西亚的市场做起来，把他的供应链搞好。张小军，你要考虑把大盘鸡整好，你们北方人我不太理解，说起大盘鸡就流口水。我就不喜欢吃那东西，没盐没味的。当然这是我个人的观点，不影响你们家族的决策，也许客人们喜欢的不一样。"

另一位店长说："大盘鸡好吃啊。一份大盘鸡五六十元就搞定了，收三五百元钱。"

张勇说："我是要菜品又便宜又好吃，这是我追求的目标，你们少搞那些能赚很多钱的东西，张大哥不喜欢。张大哥现在不缺钱，缺的是新业态，缺的是项目，缺的是发展。你们要想如何把海底捞做得更强，做得更大，让更多人挣到钱，让更多人能到海底捞靠双手改变命运。"

那天晚上，酒喝得酣畅，话也说得衷肠。快到深夜 12 点了，大家都意犹未尽。张勇就是在这种特殊的环境，用这种特殊的形式同员工沟通交流的，这种沟通交流比给员工们做几场报告的效果要好很多。

张勇的徒弟杨利娟把张勇的沟通手艺学到家了。她到任何一个地方，都是先到店里巡视，如果店里忙，她还帮忙干活，然后再交流工作。有一次，杨利娟到一家店时已经是晚上九点多钟了，那时候门店生意特别好，她和店里的员工一起忙到十点半才摆上盒饭，同店长边吃边聊，聊到十一点半才离开。

二、畅通渠道，接受监督

海底捞把防止权力滥用、官僚主义，尤其是防止脱离群众的官僚作风看得很重。为此，张勇非常注重监督，把监督也看成一种特殊形式的交流。海底捞鼓励举报、投诉、反映问题，可以内部来信求访，也可以利用内部网络渠道。

海底捞办了内部月刊，这就是一个很好的交流平台。《海底捞文化月刊》每期都开设有"心声""解惑""倾听""案例"等栏目，员工对公司、管理层有意见、建议、批评，甚至有委屈，都可以通过署名或不署名的方式在月刊反映，通过这种形式给员工一个宣泄的平台，释放的渠道。当然，如员工所反映的管理者的问题经调查核实，海底捞也是会坚决果断处理的。

三、开诚布公，力戒粉饰

张勇说："门店考核评级的时候，我才感觉到什么是办公室政治。一个会议室的人，都揣着明白装糊涂，每个人都知道真相，但都不说，把我这个性子急的人，急得要气死在会议室。"张勇特别强调要做真人，讲真话，不搞粉饰遮掩真相，不能避实就虚，尤其不喜欢精致和圆滑。

施永宏在一次讨论蜀海物流 KPI 设置时说："我们的制度设置要有明确的针对性，比如跟踪催办制度，首先是没完成的工作才催办！跟踪人是谁？评估人是谁？工作没完成要惩处的条例在哪里？惩处执行人是谁？该实在的要实在，别整那些没用的！"

他进而讲到计件工资制："你的员工计件工资为什么没别人的高，你有没有想一想，你的非计件人员工资为什么又比别人的工资高？"

施永宏说得有些激动："2017 年我刚到颐海的工厂，我发现制度全都是不执行的，因为没讨论过。我去了成都、西安颐海，发现有些明明可以计件的工作他们不计件，把计件的和不计件的工资状况统计分析，吓死人！为什么？因为在这里混日子的人比一线工人的工资高多了，你说谁愿意去一线干活？我们看问题要抓里面的重点，抓工作要抓实际的痛点，不要搞形式、走过场、玩虚的，只要把痛点抓住就走活全盘了。"

四、善于倾听，共同分享

挖掘典型，总结经验，积极分享，这也是一种很好的沟通交流方法。海底捞在抱团工作大会、家族成立大会上都要挖掘一批典型，让他们分享自己的经验、体会，与大家交流，这对张勇和其他管理者来说是一次倾听基层声音的极好机会。

学会倾听是管理者一种基本素质和修养。有一次，在海底捞的家族长会议上，杨利娟和张勇也在场。会上对部分制度逐条逐款讨论，让大家充分发言。张勇就在旁边听，有时候会提些问题，有的家族长也会向他提问，在那个会场一点都看不出谁是领导，谁是被领导的，也看不出是谁在决策，完全像拉家常似的。

海底捞的管理者不仅在会议上要善于倾听，个别交流时也要善于倾听。在日本轻井泽，张勇为了听日本新宿店店长也是抱团小组组长张航的意见，放弃了当晚的宴请。

张航因堵车迟到，张勇整整等了她一个半小时，还花了一个多小时倾听她的诉说。在后来家族长会议聚餐时，张航向杨利娟谈及此事，激动得大哭了一场。

上行下效，家族长对家族成员，店长对自己的员工，也像张勇对他们一样，不厌其烦地认真倾听。当家族成员遇到难题时，他们总是积极帮忙出主意、想办法。当员工有情绪想要离职的时候，他们总是先听对方发言，再循循善诱，开导安抚，解开员工心头的疙瘩，让员工开心释怀。

有时候他们心中也有苦水，但他们牢记的是：员工是家人，也是顾客，自己再苦，也不能让员工心里苦。

刘业英说："我今年给自己定的目标是不让员工生一次气。"

五、心系员工，同甘共苦

张勇说："当老总的偶尔吃点苦，是为了体察下情，发现一些问题。如果不跟员工在一起，你怎么了解他们生活的真实情况呢？我们规定小区经理每个月要在员工宿舍和员工同住五天就是这个道理。

"刚来西安的时候，娃娃们没地方去洗澡，一身臭味，火锅本身就有味道，加上身上不洗澡的臭味实在太难闻了。为什么不洗澡？浴室都没有怎么洗嘛！我想难道西安人就不洗澡吗，就赶紧跑到街上去问，人家说我们这有公共浴室。当时的浴室是两角钱一个人，说起花钱，大家都盯着我，心想两角钱一个人你来出吗？嘿，我说这个都要节约吗，就喊他们买些洗澡票来发。那会儿我也傻，这其实根本花不了多少钱，也不至于冲着这几个钱来节约。还是制定政策的人做活做少了，不了解员工疾苦！

"后来我坚持无论怎么变，海底捞的流程、制度，都一定要由店经理这个层面来修改，他们离基层近。我现在请人，张口就是千万年薪，随便谁都请得起，什么人才都有，斯坦福、哈佛都可以。但是他们有个最大的问题，不了解基层！我有时候也不一定完全了解。你每天没有早早起来打扫卫生，晚上也没有打水回去洗澡，所以你制定的政策就脱离实际。"

第四节　像对待客人一样对待员工

"高科技公司的员工追求幸福，但是我们的员工首先追求的是做人的起码尊严。"

——张　勇

"顾客是上帝"，真理总是在顾客一边。海底捞员工每天要跟各种各样的顾客打交道，辛苦劳累不说，他们也是人，也有思想和情绪。

员工入职培训时，就获得了培训老师的联系方式，有需要可以随时寻求帮助。门店也给新员工指定了师傅，除了带他们学习业务技能，也要负责帮助新员工调整情绪。海底捞的店长、大堂经理、担当，更要随时关注员工，给他们提供工作、生活、思想、情绪上的引导和关怀，关心夫妻团聚、亲子陪伴，帮助员工看病，帮助员工解决子女入学等具体问题，让员工感到暖心、舒心。

一、顾客包括我们的员工

张勇说："顾客包括我们的员工。当你同我谈话时，你的手机响了，你的员工找你，我们就中止谈话，你优先处理你和员工之间的事情；当你和员工谈话时，顾客需要帮助，你和员工就中止谈话，首先要做的是立即帮助顾客。"强调以顾客满意度为中心的优先法则，就是强调顾客比员工重要，员工比领导（包括老板）重要。

张勇通过重新定义"顾客"，把员工包括在"顾客"之内，更加强调了员工在海底捞发展中的关键作用。原因很简单，顾客满意度是由员工努力度决定的，顾客愿不愿意来餐厅，来了愿不愿掏钱也由员工决定。张勇的这个认识来自多年的经营管理实践，并经受了实践的检验。他所列举的两种情形下的"中止""优先处理"和"首先要做"，是从方法论上告诉海底捞的管理者：应该做到员工优先。

一句话说到底，不能简单地认为我付了工钱，你就该做事。既然员工是客人，那就得像对待客人那样对待员工，让海底捞对员工的关怀像对客人一样热情周到。海底捞把员工的小事当成公司的大事来完成，在海底捞上班的员工幸福感特别强。

在海底捞，白班和夜班分别组建团队，不搞轮班，避免职工因为经常轮休而不适应。同行业中倒班的连续上班时间，有的是 22 小时，甚至 24 小时。以前海底捞上班时间也比较长，从早上八九点钟一直上到晚上九十点钟，经过几次调整改为12小时，又改为10小时，现在正在试行8小时工作制。

通常情况下，海底捞为员工安排了八种假期：年假、月假、法定假、病假、婚假、丧假、工伤假、产假。

海底捞从实际出发，支持夫妻双方同时休假。

南京二店店经理韩丽娜说："我们店的夫妻除了自己要求不一块儿休的，我们都安排一起休假。人家夫妻或者男女朋友约好第二天一起看个电影，再去吃个火锅，下午去逛街，一天过得开开心心的，岂不是一桩美事？"

同时，海底捞也支持关系好的员工调剂安排一道休假，支持担当带领自己的徒弟一起休假。不仅如此，海底捞还从员工的角度考虑，提倡有求必应，随时安排休假。如果员工因为个人的、家庭的、朋友的原因提出休假，只要在头天晚上12点以前提出第二天要休假，都要准许。

如果员工情绪不好想休整一天，非要让他上班，上着班他心里也不爽，客人也不会满意。相反，顺势同意他休整一天，说不定过一天，也就什么事都没有了。

杭州三店后堂经理田树军说："公司时刻关心着员工，宿舍都是套房，基本是两人至三人一间，还有单独的夫妻房，宿舍里饮水机、热水器、冰箱、无线网等一应俱全，床单被套都有专人负责清洗，员工回到宿舍有一种温馨感。伙食上每顿都有一荤、一素、一汤，主食有米饭、面条、馒头或包子，节假日还会加餐。工作满三年的员工报销子女上幼儿园至上大学的学费，还有'救急不救穷'的专项救济金。"

最值得提及的是亲子陪伴工程。海底捞把解决留守儿童问题的工作放在了非常重要的位置，由集团首席发展官领衔，成立亲情化小组，安排专项经费。同时，海底捞把亲子陪伴工程作为店长和家族长的工作任务，要求门店允许身为父母的员工在门店最忙的下午 6 点至 7 点离岗去陪子女。

2019 年 8 月 3 日至 20 日，亲情化小组主办了"海底捞第一届海外游学营"，36 名成绩优异的员工子女分别从上海和北京出发，开始了为期六天的新加坡之旅。这次游学秉承"体验异国风情，学习优秀文化"的理念，旨在让每位参与其中的孩子能够带着好奇而来，带着收获回家。游学期间，孩子们游览了植物园、牛车水、小印度、鱼尾狮公园、克拉码头等地。每天上午 9 点到 12 点，由专业的外教老师在春天国际学院为孩子们进行外语教学，不少孩子从不善表达到勇敢地与外国人交流，令他们本人激动，令他们的父母欣喜。

海底捞还坚持年年举办夏令营，利用暑假把优秀员工的子女分批组织在全国各大城市进行夏令营活动。2017 年在上海、北京、郑州、西安、昆明、成都、深圳、武汉八个城市，2018年又增加了南京、合肥、广州、天津等城市。

二、员工是客人，管理是服务

海底捞店长栾亚涛说："我是为大家服务的。"栾亚涛将他与员工的关系形容为"战友"，每次跟员工开会，他都会说："我是栾亚涛，为大家服务的，服务于你们和到店就餐的客人。"每到一批新员工，他都会用前辈的成功故事启发他们。

栾亚涛有一个良好的工作习惯，有员工向他反映问题，不论大事小事，不论能否在第一时间解决，他都一定会在第一时间回复员工。"我觉得这一点也是我对大家说我是服务者的一种诠释。"

当他看见店里刚入职的阿姨穿着黑布鞋来回跑的时候，就立即让库管为阿姨买回两双质量好一些的运动鞋。也许过几天阿姨就离职了，但无论走到哪里，她一定忘不了海底捞为她买的这两双鞋。有名员工的妈妈病危，哭诉家里没人时，栾亚涛二话没说就同意她赶紧回去，还顺手交给她 500 元现金看望老人。

看到后堂的阿姨洗菜洗得手烂了，栾亚涛会想办法从国外为她们带药。为了让员工有家的感觉，他突发奇想，让住夫妻房的员工拍婚纱照，说是"不用太大，挂到房间里看着像个家"。当员工告诉栾亚涛自己对谁有好感时，他会说："我帮你观察观察。"后来被他撮合成了好几对。

栾亚涛希望自己的管理层多学习，多进步，更重要的是思想上要有所提升。"服务客人有多难？又不是让你造航母，又不是让你发射卫星。做管理人员的，你让客人满意，让伙伴满意，就跟你在家里一样，让父母满意，让媳妇满意，让孩子满意，无非就是服务对象有了转变。"

栾亚涛认为，一个管理层的魅力，一定是源于日常的点点滴滴，而不是什么大事。"你的一句话、一个动作，是不是让人觉得舒服？你的纪律性、上进心，是不是能让伙伴们感觉跟着你有动力？"

海底捞特别提倡赞赏文化，只要员工有一点进步，取得一点成绩，就给予肯定、表扬。

12年前，《海底捞文化月刊》上发布了一封张勇的表扬信，表扬了一名员工，让这名员工感到惊喜，这一喜让她在海底捞坚持了12年。

××同志：

　　昨天，你对我所说的一席话，让我感触颇多。我很感谢你，正因为有了你这样真正关心企业发展的海底捞人，我们的企业才有希望。至于你所提的建议，我正在认真考虑，在一个月以内一定会有一个答复。

张　勇

这位不愿意透露姓名的员工说："那年我在海底捞过了第一个春节。我们店是在公司排名较差的分店，张大哥节前亲临我们店检查工作，一向心直口快的我针对当时的一项制度改革向张大哥提出了我的意见和建议。过了两天，店里开员工大会时，小区经理走过来，郑重地递给我一张打印好的表扬信。我一看，是张大哥对我前不久提意见给予了表扬，还明确了相应的整改时间。当时，我心中的敬意油然而生，那种惊喜感至今难忘。忙碌的张大哥亲临现场发现问题，重视普通员工建议，更重要的是一个月后公司公布了制度修改结果，坚定了我留在海底捞奋斗的信心。我深深体会到，有张大哥这样开明的领导，公司一定会走得更远。

"现在不同以往，张大哥不可能亲临上千家门店，发现和解决问题，但是海底捞把员工当家人、当主人的家训没变，由下而上推动和由上而下解决问题的作风仍在继承和发扬。相信海底捞人能够永远'手拉手分秒并肩作战'，一同创造奇迹。"

张勇赞赏员工的行为被传递到各级，管理层学会了赞赏，员工也学会了赞赏。佛山五店的李起娣这样表扬她的师傅："我的师傅叫杨莲，有一颗充满正能量的少女心。第一次相见，师傅骑着一辆自行车向我们奔来。她的眼睛仿佛会说话，看着她的时候，感觉她永远是笑眯眯的，就像蒙娜丽莎的微笑一样。"

第五节　因为环境，所以创新

"创新在海底捞不是刻意推行的，我们只是负责创造出让员工满意的工作环境，结果创新就不断涌现出来。"

——张　勇

为了营造员工创新环境，规范创新管理，使员工创新工作常态化，海底捞制定了一系列流程和制度，包括创新提报、创新试验、创新评审、创新成果奖励等。

创新提报。创新事项的提出和报告，也是海底捞的一项创新。国内外一线门店及一线职能人员可随时通过创新系统、微信公众号提报，报告要求创新内容完整、无附件缺损、按照申报系统逐项填写完整。

创新试验。海底捞明确在不违反各部门相关规定、不影响顾客满意度、创新试验经费不超过 2000 元的前提下，各店可自行试验。若门店无法试验或试验经费在 2000 元以上，门店可通过在创新系统申请加费的方式征询职能部门的专业意见，职能部门回复同意后，门店即可联系职能部门进行创新试验。所有的创新试验费用均可以凭票报销，费用分摊至所在门店。

创新审核及奖励。海底捞规定创新需要在一定范围试验，经审核通过，可评为一到六星，并给予相应奖励。

一、放飞心情，让员工产生创新冲动

张勇说："创新要有自我意识，要有自由的空间，要处处留心善于思考，要减少约束，要敢想、敢干、敢试、敢冒险，要不怕犯错。

"海底捞从一开始就十分注重创新，从味道差点只能态度好点，到帮人擦鞋、刷马桶、送小礼物，让客人感动，这就是创新。要放手让员工大胆创新，不可生搬硬套教条，员工在坚持基本服务的同时，还要从客人的职业、兴趣爱好等出发，创新性地提供让客人感动的差异化服务。这就同样要求管理者在按规范要求员工的时候，从实际出发，具体问题具体处理，不断创新管理方式。

"要给员工自由空间，员工有满意的工作环境，有满意的合作伙伴，有自由放飞的心情，才可能创新服务流程，提升服务效果，用心创造感动人的服务。改进劳动过程，提高劳动效率，节约生产成本，都要对员工进行管理，但不要让员工感到被管制，要管而不死、活而不乱，既严肃又活泼。"

张勇认为，听听别人的心得，看看别人的做法，想想别人的长处，就会知道自己与别人的差距，及时弥补不足就是创新。

海底捞经常有组织或自发地开展考察交流、学习借鉴，包括门店与门店之间、家族内部，还组织到互联网巨头、同行业优秀企业以及其他国内知名企业学习考察，甚至还组织优秀店长去国外考察学习。通过互相交流切磋，吸收新的知识，产生新的知识，增加破旧的动力，也是在推动创新。

1. 挂煮神器，以恩碧命名

2005年，蒋恩碧在西安一店当值班经理。那时候，大雁塔音乐喷泉刚开没多久，因为游客多，门店的生意特别好。店里每个区域有七张桌子，员工轮流吃饭时，一个人根本忙不过来，一会儿有客人让她煮脑花，一会儿又有客人让她涮鸭肠。蒋恩碧心想，要是有个架子放在这里，让客人自己煮多好啊，就不用叫我了。

有了想法以后，蒋恩碧就让电工师傅帮忙做个架子："要把勺子挂到这个架子上，方便客人煮脑花、涮毛肚。这些东西放里面，我就不用一直站在那儿拿着勺子煮了。"这样一来，服务员就轻松了。

电工师傅很快做好了不锈钢架子，但是由于底座太轻，挂了勺子之后，架子很容易就倒了。一次不行，那就再做。考虑到成本问题，第二次做的时候，电工师傅在底座里面装满了沙子。但是，沙子的重量还是太轻，一挂勺子，架子还是不太稳。第二次又失败了。很快，他们又做了第三个。这一次直接把底座做成了实心的，并且在底座上面增加了两个小球。终于，第三个成功了。前前后后大概用了一个多月的时间。

在一次菜品创新评比时，店里邀请了时任小区经理杨利娟，看过这个架子后，杨利娟觉得特别好，就开始全公司推广。因为这个创新，公司给蒋恩碧奖励了 1000 元，她的工资当时每月也只有五六百元。

把勺子挂在这个架子上面，什么菜都可以涮煮。公司在上海开店的时候，蒋恩碧也到了上海一店上班。有一天，杨利娟到店里找她，说万能架子以她的名字命名，叫"恩碧架"。从那以后，这款挂煮神器就有了一个"官方"的名字，并沿用至今。

2. 创新达人，多次升级金鹰池管理

"喜欢给大家整点事儿""每两个月打乱一下思路，就会有新的思路出来"，他就是创新达人冯湘洛。最早对接北京三十六店时，爱好数码产品的冯湘洛就提出了很多想法。"也是因为我爱玩儿这东西"，他通过手机控制门店的灯光、音乐、空调、电视，包间的灯光也被他换成了人体感应的。他自我评价是有千奇百怪想法的人，有了想法就要付诸实践，他也因此成了一个"爱折腾"的人。入职沈阳二店后，春节前片区要组织晚会，店经理许波让他当了晚会的总导演。最令他骄傲的是，在整个片区，他把特等奖、一等奖、二等奖都拿下了。从此以后，店里的员工都称他为"冯导演"。

冯湘洛最有影响力的创新，就是多次升级金鹰池管理。所谓金鹰池管理，是海底捞人才培养的一种模式，也就是通过一些形式把有发展潜能的员工组织起来培养、锻炼，让他们成长为管理人才。最开始，只是组织大家搞点活动，办辩论赛、演讲比赛之类的。

"总要给金鹰池的人找点事情干吧。"金鹰池员工要晋升为管理层，那得掌握好管理工作流程，冯湘洛为此费了一番心思。"总不可能让每人都去执行一天吧，这样不就乱套了吗？要让他们既学习到，又不会影响工作，因此我把所有流程全拆分开了，拆分成餐检、食品安全检查、业务比赛、客户交流会等。"他把每一步都做了一个明细，让金鹰池的人员去练习，每天练一项，一段时间下来，所有流程就都会了。这些练习当然也有相应的激励政策，他设计了积分制度，对工作情况作出评价。比如仪容仪表检查，做得好的给 A，得 2 分；B 得 1 分；C 不得分。这一拆分细化、责任到人、定性加量化的考核，让金鹰池的员工把业务流程练得"非常漂亮"。

金鹰池的管理创新还表现在拿积分换资格。普通员工也可以赚积分，比如宿舍被评比为优秀的可每人奖励五个积分，大家还能用积分换礼品。谁能进池不是由冯湘洛决定，而是要员工用五个积分换考试资格，考试合格才能进入。就连取得海底捞学习发展中心的上学资格，员工也需要赚足 100 个积分才能参加考试。

冯湘洛的金鹰池管理实行末位淘汰，每个月淘汰两人出去；还实行后备制度，规定入池人员与员工比例为 20%。"可能我野心比较大。"他经常招聘一些后备人员并告诉他们，"你们要'干掉'前面的金鹰池人员。"冯湘洛的金鹰池管理基本上每月升级一次，现在已经升级到 6.0 版本。

二、重奖鼓励，让员工以创新为荣

海底捞还经常开展"岗位之星"职业技能大赛，这种比赛分不同级别举行，给予不同级别的奖励。有小区赛、大区赛、全国赛，有预赛、决赛、总决赛，不同级别比赛的前三名都会获得奖励。

又一次拿到变脸组冠军的新加坡十一店王金辉很受感动。

"这次比赛对我来说颇有压力，我因为是上届冠军而备受关注。在上一届比赛中，我仔细研究竞赛规则，结合实际工作状态，把重心放在了创新上。变脸有深厚的历史文化底蕴，源于川剧艺术，彰显民族智慧。经过大半个月的努力，我成功塑造了一种新的表演形式'财神驾到'。为了衬托财神形象，我加入了灯饰和魔术，再加一副喜庆的对联，营造出吉祥好运的气氛，也终于在第一轮家族比赛中拿到了冠军，带着门店的使命凯旋。

"面对即将来临的大赛，要蝉联冠军是一场挑战，而赢得挑战的关键还是大胆创新。在这次脸谱创新中，我保留传统脸谱的基础流线图案，加入了一些互动性较强的文字短语，如'你真好看''恭喜发财''生日快乐'等，给顾客表演时有更好的互动效果。然而，这些与我想要的终极创新还有距离。

"我开始自己动手制作新的脸谱和道具，每天把自己锁在家里，一画就到大半夜，一改就到三四点，抱着必胜信念一次次突破自己。最终，从未画过脸谱的我，硬生生地画出了视觉感让我比较满意的作品，成功地把'小丑'带到了比赛现场，才带给了顾客更多的快乐与震撼。凭借独特的创新，我拿到了第十一届'岗位之星'大赛冠军！"

王金辉坦言，他不是天生的"岗位之星"，也不是永久的"擂主"；他只是想要勇敢地挑战，也想要快乐地分享。无论自己是否闯到最后，只要努力了，输赢都精彩。

第六节　大胆放权，让员工成为主角

> "实际上业务上每个店都是自己管理自己，不用给我提建议，我直接给员工决定权。"
>
> ——张　勇

一、尊重和信任，每个人都需要

海底捞大胆放权的本质是对人的需求的深层次理解，人不仅需要温饱，还需要被尊重。尤其是农民工占多数的海底捞员工群体，当他们来到海底捞这个平台，获得了基本的生活保障和家一般的温暖以后，他们就更希望得到尊重。

这种尊重本质上讲是一种信任。同员工有相似背景的张勇，深深理解他们的内心世界，更理解他们深层次的需求，从"人人生而平等"出发，给他们设计了"人人都可晋升"的通道和"双手改变命运"的方案。相信每一个海底捞人，都能够在海底捞这个平台上创造出属于自己的未来。

张勇信任自己的员工，类似通用电气 CEO 杰克·韦多奇的"我相信我的员工，他们也信任我"，也像惠普的创始人比尔·什利哈特的"惠普的政策和措施都来自一种理念，就是要相信惠普员工可以把工作做好，有所创造，只要给他们提供一种环境，他们就可以做得更好"。

对员工像客人一样尊重，像家人一样信任，换来的是员工的主人翁意识和积极主动的工作热情。他们会像家人一样的关心企业，为企业着想，为企业努力。海底捞的员工常说"我们海底捞""我们门店""我们海氏大家族"，甚至有的直接把企业或门店表述为"我们家""我们这个大家族"。他们对企业的事就像对家里的事那么认真，那么上心。正因为这样，海底捞员工可以想出一系列的节约办法，把几个旧拖把绑在一起变成一个大拖把；把不用的工作服改成拖布；把没把手的垃圾铲换上其他坏了的垃圾铲的把手再用；把边上没毛的排推，调过来反钉上再用；用厨房不能再用的钢丝球擦厕所等。

二、大胆授权，发挥员工们的聪明才智

海底捞的信任就是授权。创业之初，授权就是一句话，张大哥说了就算。现在形成了一套完善的机制，一套成功的模式，变口头授权为制度授权，变个人说了算为集体决策，给基层放权，给下级授权。

海底捞的授权包括对高级管理层的决策授权，对教练、家族长的管理授权，对门店的经营管理、人才培养与选拔、绩效分配的授权，对一线员工处理具体事务的授权。

就门店来说，店经理全权负责门店内部的人、财、物的管理与运营，负责外部事务的协调以及向总部的汇报请示，有权选拔、提名与培养拓店经理。只要所选对象的条件符合要求，店经理还可以决定接任的新店经理。一线门店员工可以根据具体情况进行打折、送餐、免单、赠送礼品等操作。

张勇说："按照美国管理学家艾德·布利斯提出的布利斯原则，当你授权的时候，需要把整个事情托给对方，同时交付足够的权力让他们做必要的决定。我对这一原则的理解就是要给予足够的权力，给予莫大的信任，传递巨大的压力，让店长们把海底捞门店的经营管理当成自己家的事情来做；同时授权激励，让他们千方百计培养和选拔徒弟店长来开拓新店。

"说到底，就像唱猴戏一样，谁都不愿意当猴子，都愿意变成敲锣的。"

经过充分授权，员工就有了很大的自主权，就有了很大的

想象和发挥的空间，他们就可以像雄鹰一样，能飞多高就飞多高，能飞多远就飞多远。

海底捞店长有后备店长的选择权、新店选址权、新店管理团队的组建权，再加上对徒弟店、徒孙店的分红权，广阔的自主决策空间和分红激励让他们得以充分施展才华，这些店长就可以由三年培养一个徒弟，变为一年培养三个徒弟，不仅想方设法管好门店，还千方百计拓展新店。

三、跟踪监督，确保权力不被滥用

授权基于信任，海底捞相信员工整体上是值得信任的。但是，海底捞的十多万名员工，也不是每个人都值得信任。一个不愿意透露姓名的海底捞人讲述了一个真实的故事："有一家店开业一个月不到，店经理就换人了。看见 OA 上的公告，我非常诧异。后来才知道店经理触犯了禁令，被员工举报，公司核实之后将其开除，永不录用。"

每隔一段时间，OA 上都会通报一批人员，均是被公司查实违反公司禁令的。被公司查出违规的人员中，有待岗员工，有店经理，还有家族长。上到大家族族长，下到门店普通员工，无一例外，只要违规经公司查实，公司一律按照制度对其进行严肃处理。

海底捞为确保授权不被滥用，建立和完善了一系列监督制约的机制，包括工作监督、技术监督、审计监督、舆论监督，还进行定期、不定期的自查。海底捞还专门成立了稽查部，凡是接到员工的反馈信息都必须进行调查核实。"稽查也是一种管理方式。一样的产品买贵了，按正常的思维，可能是领导、采购不认真或业务能力不强，但对稽查人员来说，可能就要去调查采购跟供应商有没有什么关系，有没有拿供应商的好处，询价有没有做到货比三家，有没有按公司的流程和制度执行等。"张勇的这番话，充分体现了慈不掌兵、恩威并重的治企之道。

海底捞的稽查坚持"禁令就是依据"。张勇最不能容忍的就是人品问题。不信守诺言、不讲诚信、不守规矩、有了问题不坦白、赌博敛财，这些都是人品问题，是海底捞的底线。他在一次同家族长的交流中说："人最重要的是人品，人品都出了问题，那是很严重的。像处理这次参与赌博的，真是我整得那么凶吗？不是，我是给了他们机会的，他们太不尊重我的意见了！"

正如奉化一店方雪飞所讲："海底捞之所以能够发展壮大，最关键的是在辩证统一中解决了人性善恶问题。一方面，对触犯高压线的害群之马零容忍，坚决清除，索贿之人、聚赌之人、盗取客户积分之人就是害群之马。另一方面，在以人为本的亲情化关怀中充分放权，充分相信大家。有了充分授权和信任，大家才有了'以廉为宝，一生光明磊落'的坚守。海底捞提倡双手改变命运，但前提是你必须是一个像莲花般品格高尚、行为端正、自带光辉的人！"

第七节　我们共有一个家

　　"唱着同样的旋律，共创美好的明天，怀着同样的梦想，时刻发奋图强，为了飞跃而成长，为了创业而坚强，心连心一起度过艰难，手拉手分秒并肩作战，创造奇迹拥有梦想，知恩图报双手创造未来；带着同样的目标，共创美好的明天，怀着家人的期望，时刻发奋图强，带着母亲登长城，总有一天会实现，心连心一起度过艰难，手拉手分秒并肩作战，创造奇迹拥有梦想，知恩图报双手创造未来。"

——海底捞之歌《携手明天》

　　还是在西安一店老员工座谈会上，张勇说："祖国的强大成就了海底捞的发展，还有一个原因，就是海底捞人勤奋、诚实、正直、善良。我们推崇公平，但是更推崇勤奋、诚实、正直、善良！"

一、街娃儿店经理

　　刘业英，简阳东溪镇初中毕业生。"我读书时成绩不好，只要考试不是倒数第一名，母亲就很高兴，原因是我可以不留级。"

　　说起到海底捞工作，刘业英还有一个令人意想不到的故事。她工作的第一站是在啤酒厂，这个厂在乡下，三班倒，工资低，还不能按时发。她听说城里有一家叫海底捞的火锅店办得好，就抱着试一下的心理找了去。

"我不仅不认识人，连地方都找不着，但我这个人不怕事，到了海底捞后，碰见一个骑三轮车送菜的老人，一打听是老板的父亲。我计从心来，明知故问：'大爷，你知道海底捞吗？''知道啊，你想干什么？'大爷反问我了一句。'是老板叫我来海底捞上班的。'我壮起胆子说。'老板叫你来上班嘛，你就上去吧，就在二楼上有个牌子。'大爷和蔼地对我说。过了一周以后，我才知道这大爷是施永宏的爸爸。我怕这事穿帮了，就跟大爷说了实话：'那天我是骗你的，怕你们不要我，我才撒的谎。'没想到他说：'我就是看你胆子大，才把你留下来的。'

"说实话，在海底捞工作确实很苦，也很累。我洗碗把手泡烂，在前台当服务员把脚跑起泡，现在脚上还有老茧。我们的大堂贾经理，大腿静脉曲张就是在北京两家店跑出来的，那两家店都是三层楼，每天上下楼跑无数次，要跑三万步以上。

"我读书成绩不好，无学历、无背景、无颜值，家里很穷。海底捞给了我一切，给了我工作学习锻炼的机会，我的一切都是海底捞张大哥'逼'出来的。最初我什么都不懂，后来学会了店里的所有流程、规范和各种技能，不管哪个岗位都会做。当初不会打字，更不懂电脑，按大哥的要求慢慢学，结果慢慢就会了，现在我打字速度很快，还学会了设计和编程。

"我也经受了能上能下的考验，海底捞门店有70多个岗位，我全都干过。从洗碗工到大堂经理再到店长，从店长降到服务员，又从服务员升为店长，从低谷冲向顶峰，又从顶峰跌入低谷，再从低谷又爬上顶峰。尤其是被撤销店长、解散团队时，我深感对不起海底捞，对不起张大哥，对不起自己，对不起同自己朝夕相处、艰苦努力的兄弟姐妹。也正是这种磨炼，让我不仅很珍惜失而复得的职位，更珍惜可以发挥自己的专长帮助门店检查问题、督促整改提升，并借此发现不同门店管理的理念、优势和经验，丰富完善自己的机会。

"海底捞改变了我的一切，这里是我梦想开始的地方。到海底捞，我从什么都没有到什么都有了。"

二、海底捞给了我一个家

1994 年入职的产品管理部高级经理周长春说："我加入海底捞的时候，海底捞还是简阳四知路二楼上的一个小门面。店里有四张小桌子，门外的天桥上还有几张。除了四位创始人，后厨有四个人，加上五六个服务员，店里一共十多个人，炒料还是张大哥教我的。

"店里由张大哥带队，跟一个家庭一样，张大哥是家长，我们就是家庭成员。当时，施哥（施永宏）专门负责买菜，每天早上蹬着三轮车到楼下，他一上楼，我们就知道要提菜了，就迅速跑下去提菜。"

在周长春的记忆里，顾客来了，张大哥会亲自去服务，询问口味如何、是否满意。生意比较好，员工特别累的时候，张大哥会带着他们去喝酒，或者去其他馆子吃饭。有时，张大哥会带着大家买些啤酒、卤菜，去不远处的火车道旁喝酒。"他让我们好好干，说海底捞会开很多店，一定会改变我们当时的处境。"

周长春认为，在员工的心里，张大哥是严厉的。上客的时候，张大哥外出回来，大家就会提高警惕，因为他是很爱挑毛病的人。"基本上他一眼就能发现问题。"而在关爱员工上，有时张大哥又比较"霸气"，碰到无理取闹的顾客刁难员工，"他是会保护我们的"。

李海燕负责后堂，她对菜品的品质要求很高。那时候没有秤，蟹肉棒是可以数的，但豆芽这类没法数的菜品，员工要每天练习，基本保证一抓就准。"那时候的装盘虽然不是很好看，但是菜品新鲜度很高。菜品不新鲜，坚决不上。"周长春说。

当时，因为餐厅管道设计的问题，后厨的下水道经常被堵，每次员工都要用一个小钻子或楠竹片去疏通。有一天，周长春中午值班，下水道又被堵上了。钻子没有找到，他直接用手抓，抓出来很多鱼鳞、菜叶之类的东西。碰巧，张大哥看到了。他拍着周长春的肩膀说："大春，好好干，你很勤奋，我是看好你的。"随后，他便拿出 50 元给周长春。周长春吓坏了，这相当于他半个月的工资："我好几天都睡不着觉。"

二楼有家"夜来香"，生意很差，还有家做火锅的"食为天"，生意也不是很好，后来慢慢就都被海底捞合并了。二楼还有家卖中餐的，看到海底捞生意好，就把他们的中餐改成了火锅，还推出了一款豆花鱼火锅，生意好得很。海底捞生意明显变差了。"张大哥急了，他知道这会影响海底捞的生存。"听说豆花鱼火锅的发源地在绵阳，张勇就去了。几天后，学成归来，他马上将做法教给员工，店里很快便推出了豆花鱼火锅。"我们拉了几个小横幅，让来的顾客都知道。那是我们首次推出特色火锅，一下子就火了。后来，我们也进行了一些改进。客人评价说，海底捞的豆花鱼是最正宗的。没多久，那家店关门了，海底捞又把那个门面也拿下了。"

张勇经常跟店里的员工说，要多看书，多学习，不断成长。当时，周长春和店里的其他优秀员工就被张勇带到成都一家叫"圣淘沙"的茶楼去学习过。那次，让周长春印象特别深刻："我感受到的是完全不一样的东西。他们那里，对服务员的走姿、站姿，用品用具的摆放，音乐音量的大小都有要求。我们当时也有音乐，但我们的音乐音量是忽大忽小的，高兴就放大点，不高兴就放小点。那时候不管这些，说话经常吼着说。"回去后，张勇组织大家讨论到底学到了什么，海底捞应该怎么做。"那次我们学的更多的是如何跟客人交流，如何给客人服务。这方面的要求，本身张大哥就提了很多，他是走在前面的。"

周长春说："早期张大哥带大家玩，去得最多的地方是人民公园，玩得最嗨的地方，要数成都游乐园了。在我的印象中，当时花了很多钱，员工都高兴得很。因为那时我们基本上什么都不懂，对我们来说，那些就是最好的。在当时的那种环境，张大哥和我们谈心交流，让我们去学习好的东西。从管理角度分析，他做到了恰到好处。"

周长春感慨，海底捞确确实实改变了他的生活轨迹。他经常会想，如果当初没有来海底捞上班，他或许还在成都九眼桥的劳务市场找工作，也或许是在建筑工地上搬砖。"如果不来海底捞，李杨梅这位美女我肯定是找不到了，她还给我生了个儿子，相当于海底捞给我带来了一个真正幸福的家。"

周长春说，陪伴海底捞长大的这些年，他是有情怀的，这种情怀跟职位高低没有关系。虽然现在他觉得自己因为能力有限，有些跟不上公司前进的步伐，但他始终怀着一种憧憬，希望公司一直发展得好。"以前是要把海底捞开到全国，现在是要开到全球，做个百年企业。"

三、从打工妹到管理层

1996 年 9 月 12 日入职的工程部买手方双华说，在海底捞打拼的这些年，一路走来，她曾有过多次放弃的念头，但最终还是坚持下来了。她回忆说，最困难的有三个阶段。

第一阶段，方双华刚入职四知路海底捞不久。那时候，刚入职她去洗了七天碗。中秋时节，她从上午 11 点洗到深夜 12 点左右，洗得双手发白，累得腰酸背疼，第二天就没有去上班。她想找一份轻松点的卖衣服的工作，结果没有找到，又回到海底捞洗碗。之后她传了半个月的菜，接着被安排去看大厅的包间。那时候的服务员没有培训就直接上岗，方双华很害怕跟顾客交流，怕说错话，她把菜上了就在包间外站着不敢进去。

有一天，方双华无意中听到管理层对她的一些评价，"比较笨""不爱笑""木讷"，还说要是她学不会就不让她干了。方双华心里想：不就是干服务员吗？还说我做不好，我就是要做好，然后不干了。就因为那句话，方双华很努力，第二个月就拿了先进。做了三个月后，她也真的打算不干了，让同学帮忙在成都找了个卖衣服的工作，也跟领班杨小丽说要离开。杨小丽劝她考虑一下，说在哪儿都一样。月初，方双华收拾好东西准备离开，结果那天下雨，好像是冥冥中自有注定，她又回到了海底捞。回来后，她给自己定了个目标：去吧台。终于，用了八个月的时间，方双华从服务员奋斗成了吧员。

第二阶段，方双华当上大堂经理后的一段时间。1998年的一天，张大哥跟她说，让她去当楼外楼的大堂经理。方双华觉得自己不行："因为我的性格比较柔，不适合管理。"但是，那时候年轻，她也想着可以尝试一下，就去了，管了十几个人。其实，方双华一直想做出纳会计，但公司那时还没有这样的岗位。

刚开始的几天，给员工开例会时，方双华什么都不敢说，一般都是早上点名，下午点名，然后散会。有员工跟方双华说："方姐，开会你还是要说两句啊。"方双华就开始想说点什么，每天在笔记本上打打草稿，开会的时候照着说，慢慢练。

在楼外楼当大堂经理的日子，有员工跟张大哥反映，方双华太严格了，动不动就"罚款"，员工都没有活力。于是，方双华就带着员工出去唱歌放开耍，到最后，个别员工上班的时候都在唱歌。张大哥知道了就说不行，员工太随意了。方双华当时就觉得，太严不行，太松也不行，管理太难了。

有一次，有很重要的顾客来吃饭，订了六桌，但店里没及时准备好锅底、菜品。因为这件事，方双华被张大哥说哭了，张大哥还让她去上菜房上班，她又不想干了。在家待了两天，李姐（李海燕）也给她讲了些道理，静下来想，她觉得张大哥批评得有道理，本来也是自己做得不好。于是，她又回到了楼外楼，做洗碗、切菜、上菜工作。一个月后，张大哥又让方双华出来当了大堂经理。其实那段时间，方双华很纠结，觉得自己不是做管理的料，但她也不甘心自己做不好，一直都在坚持努力着。

2001 年，方双华被调去四知路店当店经理。门店自助餐的生意很好，但就是不赚钱，她总觉得对不起公司，尤其对不起员工。有一个月只赚了 90 元，不能给员工分红，她就买了一堆瓜子给员工吃。做了不到一年的时间，方双华觉得自己应该去西安学习，看看西安的门店是如何服务客人的。2002 年 3 月，她给公司写了一封信："希望去西安学习，发展一下……"当时她的孩子刚满八个月，家里人不同意，但方双华坚持要去。原本她想着去西安一店或者二店当个普通员工也可以，结果公司直接让她接了筹备中的西安三店。

这是方双华经历的最难的第三个阶段。三店之前是西安人开的餐厅，有一部分员工留下来在海底捞上班，他们都是本地人，由于生活习惯、服务意识等方面有所不同，沟通上就出现了问题。

店里生意好的时候，翻台率约为 3～4 次 / 天。有些四川过去的员工不太熟悉环境，再加上想家，就离开了。"最惨的时候，传菜员六个人走得只剩下一个。记得上菜房有朱正英，服务组有陈万琼、张建英，他们就说，我们既服务，又上菜，也传菜。"下了班，大家还要去洗一堆碗。

门店生意好，生活条件很苦，员工又留不住，有天晚上，方双华就坐在店外哭。她想家，想孩子，就给施永宏打了个电话。她告诉施哥："太累了，太想家了，员工又不听话，我做不下去了。"施哥让她再坚持一个月，说万一坚持不下去了就回去，同时也告诉她，简阳的岗位没了。

行，那就坚持吧！结果，一个月的时间，大家都在努力，慢慢地，各方面都好了起来，那段时间，也就拖过去了。之后，方双华在西安三店待了四五年时间。

在海底捞经历的每件事，都让方双华学到了不同的东西。"从普通员工到管理层，真的太难了。感谢张大哥、施哥、杨姐对我的不抛弃不放弃，说真的，没有他们，就没有现在的我和家人的幸福生活。"

四、爱海底捞，更爱我的工作

这是长沙十店廖金龙的肺腑之言："一路走来，相信每个伙伴都会有无数次辞职的念头，但又会有无数次自我鼓励。"

"认可公司，认可自己。"廖金龙认为，"不相信公司的人是不可能坚持工作的，不认可自己的人是不可能做好工作的。我相信公司的管理晋升模式，当你足够优秀的时候，公司会认可你。如果没有被认可，一定要向优秀的人学习，不要总觉得店经理对不起你，或许你根本不知道，他已经给了你很多机会，只是你自己没把握住，没有让自己的特长发挥出来。"

"目标感一定要强。"从来到海底捞开始，廖金龙就每天写总结，至少写一些别人做得好而自己不会的，然后向别人学习。他给自己定的目标是半年拿到 13 个核心岗位证书，最后有六个核心岗位证书还是提前拿到的。这叫自加压力，把压力变成动力。通过努力实现了目标，就有了成就感、获得感和自豪感，工作效果就会更好。

"加强学习。"他认为知己知彼才能百战不殆。多学习，自己一定会比那不学习的伙伴走得更快更远。

"一定不要任性。"他认为人要成长进步，就必须谦虚随和，不能够由着性子来，意气用事，否则必然要碰钉子。尤其是脾气暴躁的人，必须要学会让自己冷静，否则不仅会伤害同事，也容易捅娄子。

五、永不停息、敢打敢拼的刘子扬

干什么都不如干工作。刘子扬默默无闻，兢兢业业，就对工作情有独钟，不愧是海底捞敢于吃苦耐劳的后生仔。

他眼睛特别小，嘴巴特别巧，心眼特别好。在深夜班，从早干到晚的伙伴都急着下班休息，他却主动留下值班。师傅担心他，发信息提醒他："注意关闭电源，填写记录表。"他很快全部落实，并回复师傅："您放心，有我在，一切没问题。"他给师傅留下的印象是敢于负责，有担当！

有好多次，店里生意特别好，大家几乎没时间吃饭，只好交换着吃。他坚持让伙伴们先吃，自己一人在大厅里收台，或搬两个锅，或搬五个转移箱，从大厅到后堂，再从后堂嗖嗖地回前堂，一次、两次、三次……他又让师傅看到了一个勤奋努力、不怕吃苦、希望用双手改变命运的模范后生！

刘子扬是个工作狂，奋斗一晚之后，还常会留下学习新岗位、新流程、新标准。在深夜班岗位上表现很棒，他很快去了油碟房，当起了油碟大师，把小料台维护得很好；他去了水果房，水果出品快速准确；他去了小吃房，拿下了捞面岗位，穿着帅气的白衣服，在顾客面前表演捞面，小姐姐们都争相加他的微信。你还会看到他在上菜房切羊肉，也会看到他在洗碗间带着徒弟洗碗，有时穿上前堂工作服做起帅气的服务员小哥哥，有时也会和小伙伴在楼下默默地把急需的菜品运到仓库。

小小的身板，大大的能量。刘子扬和其他伙伴一样，都在为门店付出，为自己的未来努力。他相信依靠双手可以改变命运，他相信自己，因为他是海底捞广州五店的后生仔，是最闪亮的自己！

▼

第四章

有系统，有战略，有技术，有布局

　　要了解海底捞，就必须先了解和分析海底捞的战略。通过对海底捞的战略构建分析，我们可以了解其使命目标，了解其所处的环境变化，这些变化给海底捞带来的是机会还是威胁，了解海底捞与利益相关者的利益期望，更可以了解海底捞在其战略制订、评价、实施过程中，利益相关者的反应及这些反应对海底捞的影响。

　　更重要的是，我们从中可以发现张勇的发展战略不仅是一种构想，一张蓝图，一种计谋，更是一种实战行为，是正在行走的一盘大棋，是一个正在实施的全产业发展布局，一个正在完善的大生态系统的布局。

第一节　有系统，实施远见型大生态布局

2022 年 8 月 12 日，第四届"中国卓越管理公司"榜单出炉，共有 50 家公司入围，海底捞连续四年登榜，是其中唯一一家餐饮服务企业。

一、以火锅为龙头，延伸生态产业系统

海底捞的战略布局中，首要的还是餐饮及餐饮供应链系统的布局。

张勇说："对火锅餐饮来说，口味不是最重要的竞争因素。厨艺水平对火锅餐饮影响很小，客人自行搭配调料，原本就是半个大厨。食材准备也相对简单，竞争的关键点在于食材质量。"

在一般人眼里，海底捞就是火锅店，只是门店多一些，范围广一些。但当你揭开海底捞的神秘面纱之后，你会发现海底捞在张勇的运筹帷幄之下，形成了以火锅店为龙头，向上、向下、向前、向后延伸拓展的产业生态系统，是集前端服务业、后端加工业、始端农业、终端商业、中端加工制造业和物流运输业，全过程信息技术、专业投资、资本运作、金融服务于一体的庞大战略系统。这个系统的战略布局，体现了掌舵者的渊谋远略和资本与实业双轮驱动的强大动力。

餐饮行业最大的发展瓶颈在于缺少完善的上游供应链系统，即使有也存在标准化程度低、规模化程度不高等问题，不

能满足行业高速发展的需求。

海底捞对此洞察早、行动快，斥巨资从零起步，全产业链的各个环节都让自己人直接做，创造了一个具有海底捞特色，也可以说具有中国特色的餐饮产业化发展、规模化经营的路子，不仅在裂变发展中确保了产品品质，也增强了企业控制力。

海底捞的全产业价值链布局突破了行业发展瓶颈，从2006年开办成都龙泉底料生产厂开始，十几年间，海底捞构建了餐饮价值链的各个环节以及各个环节的标准化体系来实现稳定品质。以供应链为例，海底捞将采购、仓储、物流甚至蔬菜种植等功能放置在中央厨房，严格按照后厨工厂化、标准化生产。食材配送到门店后，门店只需要做好摆盘和简单的加工即可。

至此，张勇不再是一个简单的餐饮老板，已经摇身一变成为商业航母的舵手，他也与诸多知名企业建立了商业合作关系，成了利益相关人。

从战略谋划角度看，张勇的成功，远不是仅依靠一口火锅，也不是仅仅依靠传说中"把人当人看"的亲情化管理或对顾客的"变态"服务。

张勇从一开始就在搭建大舞台，导演大戏剧，着眼长远，立足当前，抓住核心业务，拓展相关领域，把企业远见型业务布局与资本驱动战略统筹谋划，协调推进。

二、战略重点，实施餐饮供应链系统布局

海底捞作为直营连锁餐饮企业，在快速扩张过程中，取得了以下四个方面的成果：建立了完备的餐饮供应链系统；建立了标准化的管理体系；建立了完善的人才培养系统；积聚了雄厚资本。

海底捞既要把火锅店做大做强，更直接经营与火锅相关的几乎所有产业价值链环节。张勇的战略谋划是，在做好火锅产业链的同时，做大餐饮行业上游的各个环节，将这些环节从价值链中剥离独立，让它们既利用价值链优势，又各自面对市场竞争成长，以此孵化出一系列的上市公司。

张勇说："为了节约成本，海底捞先后把有些从别人那采购的东西变为自己做。从炒料开始到食材采购，要做的越来越多。要多做事就得多用人，就要组建机构，最初很有必要，慢慢地机构越来越多，人也越来越多，成本耗费也越来越大，不仅赚不了钱，反而成了一个又一个包袱。这种现状是不能容忍的。

"我在美国看到餐厅的快递、法务和财务都是委托给第三方机构做的。他们不仅专业，还有一个相当规范的管理体系。在中国不可能把财务交给别人来做，所以我们成立了蜀海、颐海等一堆公司。原先大家彼此都不信任，部门之间谁说了都算，也都不算，谁都对盈亏不负责任。拆分成独立法人公司以后，彼此之间就成了一种契约关系，讲依法经营、独立核算，

讲公平交易，讲等价交换。"

在海底捞拆分出的第三方公司中，比较突出的有以下几个。

1. 颐海国际（股票代码：HK01579）

颐海国际 2016 年在香港主板上市，股票发行价为每股 3.3 港元。2017 年营业收入为 16.46 亿元人民币，净利润达到 2.6 亿元；2019 年营业收入为 42.83 亿元，净利润 7.95 亿元；2022 年营业收入为 61.47 亿元，净利润 8.15 亿元。

颐海除供应海底捞火锅的相关调味料外，已成为国内火锅底料及调味料的主要品牌之一，截止至 2022 年 12 月，颐海共销售 50 款火锅调味料产品、41 款中式复合调味料产品、41 款方便快餐产品。

2. 蜀海供应链

2011 年成立的独立经营公司，以前是海底捞采购供应部门。除给海底捞提供食材采购、仓储、物流等全托管服务外，蜀海供应链一直探索 B2B 和 B2C 模式，为整个餐饮系统提供供应链端服务及消费者端服务。

蜀海供应链是在美国夏晖物流的技术支持下建立起来的，其对标企业是美国餐饮供应链巨头西斯科。蜀海供应链已经实现了"采购规模化、生产机械化、仓储标准化、配送现代化、管理智能化"。

3. 蜀韵东方

2007 年成立，由海底捞的工程部独立为第三方经营公司。蜀韵东方经营业务主要是为海底捞等餐饮企业提供餐厅设计、材料采购、装饰装修、施工管理、维修等服务，也同时对外承接业务。在战略上是由海底捞的合作伙伴变成面向全社会服务的以装饰装修为主的全方位综合类经营服务企业。

4. 微海管理咨询

微海前身是海底捞人力资源部招聘中心、员工培训中心，2015 年 3 月独立为第三方自主经营公司，主要业务是招聘、培训、管理咨询。微海除了参与海底捞门店考核定级，也面向全社会提供招聘、培训、咨询等服务，为餐饮企业提供门店运营咨询等服务。其培训主要方式有线上微课、线下培训，包括举办总裁班、店长班、担当班、员工班、分享班等。

5. 海底捞外送

海底捞外送 2014 年 10 月独立为每客美餐公司，24 小时营业，是专门负责海底捞火锅外送的独立平台。2022 年，海底捞外卖业务收入从 2021 年的 6.3 亿元增加到 12.8 亿元，这主要是外卖业务覆盖的城市和门店数量增加，线上销售渠道扩大，外卖订单数量大幅增加所致。

截至 2019 年底，海底捞已经孵化了涉及多个行业的公司，除了为火锅供应产品的企业，还涉及科技、教育、娱乐、地产等领域。其原材料供应商颐海已经上市，优鼎优也曾在国内新三板挂牌。通过将部门拆分独立为面向市场的法人实体，进而培育为上市公司，海底捞已经探索出了一条成功之路。

张勇曾说："我们最强的地方其实是供应链。"

海底捞从火锅店起家，经过数十年的积累，逐步塑造起自身的品牌及 C 端影响力。海底捞清醒地认识到，仅以门店形式存在，仅依靠品牌效应和门店扩张，不可能追求更大的价值。随着分工的日益精细，与同前端直接结合的餐饮门店业务相比，后端供应链及各类餐饮相关的业务在服务、管理等细节上更易把控，在市场上具有更高的价值认可度。海底捞将内部为门店提供配套服务的部门进行改革，全部独立为第三方，在为母公司提供有偿服务的同时，也对外提供有偿服务。

海底捞的供应链建设，包含了从底料生产到食材采购，从仓储到物流供应，从企业财务管理到人力资源服务，从店面装修到门店软件应用等方方面面。激烈的餐饮竞争，尤其是连锁餐饮的竞争，不是品牌与品牌之间的竞争，而是供应链与供应链之间的竞争，餐饮供应链是餐饮企业永续经营的安全阀，是餐饮企业开疆拓土的能量源，从这一点看，海底捞在战略布局上快人一步。

第二节　有战略，实施主营业务引领战略布局

一、川式火锅始终是战略重心

在海底捞的战略布局中，其核心业务川式火锅始终是战略重心。张勇说："我开一家餐厅的时候，过得比别人都好，为什么要去冒险扩张呢？其实，我是害怕别人把我挤垮，我才开了第二家、第三家……我是被逼得没办法，才去冒险开分店的。如果不这样做，海底捞可能早就垮了。"

在确保火锅这一核心业务强势增长方面，海底捞的业务发展战略主要是拓展餐厅网络，提升就餐体验以及拓展收入来源等。

1. 拓展餐厅网络

海底捞计划通过开设新店增加市场份额并实现营业收入的增长。海底捞认为，北京、上海、西安及其他一二线城市仍具有增加餐厅密度、巩固市场地位的巨大潜力。海底捞集中精力在翻台率较高或顾客等位时间较长的现有餐厅周边商业区增加门店，将客流引导至附近的新店，改善顾客体验。同时，进一步拓展餐厅覆盖地区。随着中国城镇化的推进和消费升级，三线及以下城市产生火锅餐饮机遇。海底捞实施以现有主要城市、餐厅为中心的增长策略，在三线及以下城市开设新餐厅，根据现有餐厅的表现扩大附近地区的餐厅覆盖范围，实现渠道

下沉。

海底捞还计划在海外开设新店，提高餐厅在拥有华人社区的地区的覆盖率，将海外餐厅集中在拥有大量华人社区的城市。海底捞会根据这些新餐厅以及其他海外餐厅的业绩，评估当地市场的潜力并制订增长策略。同时，海底捞积极实施本土化战略，为了促进海底捞在海外市场的长期发展，通过研发新菜品和定制锅底，推出符合当地人口味偏好的菜单，来提高当地人对海底捞火锅的接受度，在海外市场推广中式火锅餐饮文化，实现海外餐厅的同店销售增长，逐渐开设不依托华人社区的新餐厅。

海底捞 2018 年上市以后，募集资金净额的 60% 用于扩张和发展门店，这是拓展海底捞餐厅网络的战略性保障。

2. 提升就餐体验

海底捞认为，优质服务是火锅就餐体验的重要组成部分和海底捞的品牌基石。海底捞致力于通过进一步优化菜单和服务，为每一位顾客提供更好的个性化就餐体验。例如，在研的定制锅底产品的自动化设备，使顾客可以根据个人喜好自行定制锅底味道浓度及若干食材用量。每位顾客均可利用该设备自调个性化底料，其选择会储存在海底捞的会员系统中，顾客再次光临就餐时可直接下单。

海底捞还将继续根据不同地区情况研发新菜品，从而拓展顾客群体。同时，海底捞正探索引入人工智能技术的可能性，利用这项技术，海底捞可以提供各种个性化的增值服务，比如根据顾客点菜记录智能化推荐菜品。

海底捞相信，沉浸式就餐体验将有助提升顾客就餐体验和满意度。到 2019 年，海底捞已经在北京等地建成三家智慧餐厅，其中包括一家海外餐厅。这些餐厅获得了顾客的一致好评，也在网络上受到热捧，海底捞计划在未来大力发展类似餐厅。

海底捞还引入虚拟现实娱乐以提升顾客在等候区的体验，顾客可以在等候区通过参与游戏获得免费食品或菜品折扣。

3. 拓展收入来源

海底捞认为业务发展战略的关键是要增加收入，尤其要提高开业一年以上的餐厅的销售增长速度。要战略性拓展收入来源，尤其是发挥会员众多、网络发达的优势，充分利用线上线下的资源，利用 O2O 把线上需求引渡到线下门店，促进收入源源不断增长。比如海底捞计划在等候区安装自动售货机，让顾客可以用会员币付费。

海底捞也在研发早点和下午茶等新品，提高非高峰时段餐厅的使用率及翻台率。海底捞 2018 年推出海底捞啤酒，2019 年与新希望联合开发了乳酸菌饮品。其他海底捞品牌产品、周边产品也在陆续面市，被网友评价为"不仅颜值爆表，还好用得很"。

2022 年，海底捞餐厅大中华区服务顾客超过 2.76 亿人次，注册会员超过 1.16 亿人。海底捞计划借助会员数据以及服务业绩所形成的流量，开发全新的移动程序，相当于将海底捞餐厅和菜品作为样品供顾客体验，顾客可以通过扫描餐厅产品专属二维码，购买他们在餐厅享用的同款产品，为顾客提供更多维度的体验。

2018 年，海底捞"云上捞"超级 App 上线，这款实现"千人千面"的餐饮 App，在国内外都具备超前的领先性。

另外，海底捞业务发展战略将收购优质资源作为整体增长战略的组成部分，计划在横向领域收购优质资源，提高其市场地位和竞争能力。

二、孵化企业与投资扩张

在海底捞战略布局中，一方面是发展核心业务川式火锅，另一方面就是孵化新的企业，投资扩张商业版图。

IPO 是海底捞产业价值链布局中的重要方面之一，可以满足千亿级产业链布局实施的大量资金需求，也意味着张勇的战略布局进入了不少新的领域，可以全方位、多角度展开。

海底捞通过 IPO 成功地解决了全产业链布局中的资金问题，在完成股改以后，紧接着拆分公司，把全产业链上的一个又一个重要环节独立出来，面向市场充分发育，最后冲刺资本市场。颐海国际试水成功以后，紧接着，母公司也成功上市。

总之，颐海国际的上市让海底捞了解了上市之路的操作程序以及关注重点，母公司的成功上市，则让海底捞对上市之路驾轻就熟，信心满满。

在海底捞孵化和投资的项目中，比较突出的有以下几个。

1. 餐饮类企业投资

优鼎优是川系口味直营连锁冒菜，该品牌由海底捞自身孵化，为张勇的弟弟张硕轶创办。2012 年 7 月成立法人公司，以正宗川味冒菜为主打产品。2017 年 4 月在新三板上市，2017 年年度营业收入 1.09 亿元，净利润 23 万元。优鼎优还参与了米饭快餐、云南菜、麻辣烫等项目的投资。

海底捞 2017 年向海盗虾饭投资 1000 万元，目的是在消费升级的浪潮中，扩大自己的布局领域，把触角伸入"慢快餐"，培育新的增长点。

海底捞 2017 年参与彩泥云南菜的 A 轮融资，向其投入 1000 万元。彩泥云南菜 2014 年成立，主要产品是原汁原味云南菜，在江浙一带有一定的品牌势能。

2. 餐饮以外行业的投资

四川简阳旭海时代广场，2011 年投资建设，是张勇的家乡简阳县城的商业综合体项目，包括总部经营、餐饮服务、商品交易、商务办公、游乐、艺术展示及交易、物流服务等业态。

简阳悦海游乐有限公司，是室内游乐品牌，集大型机械游乐、电玩动漫、DIY 体验项目、亲子活动、儿童餐饮休闲等服务于一体。

简阳通材实验学校，由海底捞和简阳中学于 2011 年共同创办的一所全寄宿制学校，占地面积 6 万平方米，总投资近 3 亿元，共有 43 个班级，在校学生约 2100 人。学校在业务上归简阳市教育局领导，在教学研究上接受简阳中学指导。

3.海底捞自主基金投资

简阳市静远投资有限公司成立于2009年，是张勇最早成立的投资类企业之一，主要用于投资家乡的商业广场、学校、游乐等项目。

上海海悦投资管理有限公司成立于2012年，是海底捞旗下的主要对外投资企业之一，投资企业包括红火台科技、安徽讯飞至悦科技、上海景林曦域投资中心等。

在海底捞自主基金投资企业中，不乏近年来非常活跃的一些投资公司，例如景林曦域投资了辣妈帮、韩都衣舍、客如云、虎扑等知名企业。除上述之外，海底捞的投资公司多达数十家，主要用于对内投资，对于外部的各类企业，则通过基金参与投资。

第三节 有技术，实施智能化和客户流量布局

如果说海底捞的战略布局中，餐厅连锁、外卖、供应链等布局是围绕主营业务直接拓展的，那么，其餐饮智能化及客户流量布局就是依托主营业务再向外拓展的战略布局。

海底捞在利用互联网方面也有过人之处，其在线下坚持优质服务的同时，巧妙地利用线上这个口碑放大器，促进用户线下孵化，从而实现了线上传播品牌和线下促进销售的正向循环，很值得学习借鉴。

一、从无到有，海底捞实现信息化和智能化

2004 年，时值海底捞创业十年之际，海底捞将火锅店开进了北京。基于自身对市场、顾客、产品和服务的理解，海底捞逐渐在北京站住脚，并形成一定的口碑，从而实现了从省会城市向首都的跨越。自此，海底捞大胆采用了新技术、新制度，为全球连锁直营打下了坚实基础。

海底捞在国内最早使用平板电脑点餐，这种方式能准确记录顾客的消费习惯，便于提供精准的个性化服务；率先设计和安装通风系统，最大限度地消除火锅气味；最早设计建设智能化厨房，最早使用自动化配锅机；与阿里云合作智能选址，并上线超级 App 提升会员管理水平和会员体验；与灵犀合作建设全渠道营销中心；与天猫合作建设海底捞旗舰店，为顾客打造全新的销售场景，成功地将线上客户引流到线下消费。

2016 年，海底捞提出"利用新技术改变餐饮企业的成本结构"的理念。据统计，2022 年海底捞通过自主创新获得专利共 36 件，拥有专利总量超过 150 件，包括服务机器人、智能煮面设备、自动炒菜机、出菜机、智能地排风等。

新技术的运用主要将在以下四个方面推动海底捞的发展。

1. 实现业务智能化

2023 年，智能配锅机已在海底捞 70 多家门店应用，传菜机器人已在近千家门店应用，智能排风设备已在 600 多家门店应用。

海底捞已与阿里云合作开发人工智能平台，以更高效率完成餐厅选址，提升选址质量，还寻求开发能够分析其大量的运营及财务数据的系统，并将继续探索与信息技术公司在潜在应用方面的合作机会。

2. 保障食品安全

海底捞研究开发的智能厨房，包括具有准备和洗涤食材功能的自动设备，有助于提高其运营效率，更好地进行食品安全管理。到 2019 年底，海底捞已经在超过 500 家餐厅配置后厨清洗设备。

3. 实现智能存货及供应管理

海底捞与第三方合作研发的中央存货管理系统，可以根据每家餐厅的历史用量自动下单补充存货，根据翻台率规律及消费者习惯趋势深入分析，调整订货量。海底捞正通过升级供应商管理系统，提升食材可追溯性，完整、准确记录每一批供货的各项检测结果。

4. 实现智能化餐厅员工管理

海底捞正在与第三方合作研发一套系统，该系统可以实现员工自动排班、调休，以及自主办理入职、离职手续。海底捞还与第三方合作研发员工信息平台，实时记录员工面试、培训、考核和升迁信息，以实现员工管理的智能化、信息化、自动化。

IT 运维高级经理吴明华 2004 年入职的时候，海底捞有七家门店。当时，公司想要在信息化方面有一些发展，吴明华是因此被公司招进来的第一名专职人员。最初，公司的信息化只是做了财务电算化，从手工记账改成电脑记账。

当时，信息化工作的开展只有吴明华一个人负责，除了设备运行环境和系统稳定性比较差，很多员工还不会操作电脑。"我每天的电话都会被打爆。"吴明华回忆道。而后来门店系统上线，不仅仅是一两台电脑的问题，也会牵扯到服务员、传菜员等岗位分工的问题。

在负责门店系统的同时，吴明华还要负责物流库存账目记录。每天有很多配送的单据，他要把所有的单据录入电脑，工作量很大。"我记得是冬天，月初出报表的那几天，我早上起来衣服一穿，拿凉水洗把脸，头发一湿，拿梳子一梳，都是冰碴子。然后我就坐在电脑前开始敲，敲到简单吃个午饭后，接着敲到晚上。"报表出完了，吴明华再去店里解决积压的问题，店里跑五天，再回物流赶十天的账，循环往复。

吴明华对海底捞的企业文化也有一个从不理解到接受的过程。入职的第一周，他以为工作时间就是朝九晚五，在处理物流账务时，他午饭后出去逛了逛，结果一回去，做账的总会计问他："你中午干吗去了？"

吴明华说："后来为什么我能心甘情愿、热情地投入工作，我觉得环境、氛围、带头作用非常重要。看到大家如此勤奋，如此有高度责任心的时候，你自然也会那样去做。就像在北京第一家店时，我与当时的店经理袁华强一起工作，有员工讲袁华强好几个月没休过假了，我特别佩服，想想我也可以。"

"那时候是越干越能干，怕的是别人没你不能干，停了受不了。"因为刚入职的时候教大家用电脑，吴明华成了大家心中的"老师"，当时他面相看起来十六七岁的样子，大家都喊他"小吴老师"。有员工以为他是新来的会计，就跟别人说："三店新来了一个会计，干活不要命，也不吃饭。"2005年，吴明华的体重掉到了成年以来的最低值94斤。有人提醒他注意身体，他却说："海底捞的任何一个员工，在门店或部门开展工作时，都出过汗、掉过肉。"

2007年，吴明华完成了财务系统的升级，上线了签章审批系统、第一代ERP系统、人事系统，还有办公用的OA系统、邮件系统、视频会议系统等。公司信息化水平在不断地提高，还成立了信息部，吴明华也成了海底捞信息化系统从无到有的参与者和见证者。

吴明华记得，张大哥跟高管开会时曾说过："做人最重要的是要有勇气，要执着，要有梦想。"十几年过去，他觉得有些东西已经刻在了骨子里。回头再去看早期那些系统，他感慨道："那个时候，别人有，我们没有；后来别人有，我们也有；慢慢地，别人有，我们的比他们的更好。"

二、共创未来，勇占餐饮技术鳌头

1. 运用新技术是为了用更精准的方式去管理餐饮

张勇说："我们今天运用新技术是为了用更精准的方式去管理餐饮，这是大背景。组织变革完成以后，我觉得新技术的应用很重要。道理很简单，如果没有手机、没有飞机、没有电脑，我不可能把火锅店开到北京去。技术的进步一直都在带来管理模式和商业模式的变化。大多数公司是市场驱动，不是技术驱动。市场是你的，技术的进步是社会的，要通过市场去找技术，不懂就交给专业人才，这不就简单了吗？这也不贵，但你一定要重视技术对每一个环节的改变。"

张勇将生产力理论研究得很透彻，科学技术一旦被劳动者掌握或者与劳动工具结合，就会大大提升生产力水平。他已经清醒认识到企业、市场、技术三者之间的关系，懂得尽管技术进步是社会的进步，但企业家一旦掌握或者运用了新技术，就可以抢占市场先机。

2. 后厨没有人的餐厅

张勇说："我在北京开了一个自动化的餐厅，后厨是没有人的。火锅店后厨有上菜房和配菜房。上菜房这边，配送中心把每盘菜装好，盘子下面有一个芯片，发到各个门店。顾客点菜后，iPad 就会通知配菜房，配菜房就用一个抓手把菜盘子传出来，最后让服务员端走。整个后厨就没有人了。

"配味是餐厅里很复杂的事。你今天来用餐，跟服务员说想吃一个炒得很嫩的鸡蛋，我可以负责任地告诉你，你这个愿望很难得到满足。为什么呢？有很多因素影响，可能是服务员忘了跟厨师说了，可能是厨师没理解到你说的嫩是什么程度，也可能厨师因为忙，时间没卡好。

"你可能会发火，把筷子一摔，说今天叫你们把鸡蛋炒嫩点，结果又炒这么老。老板就过来道歉，但你总不可能每次吃个鸡蛋都发火吧！有了人工智能和工业技术以后，人们的个性化要求就可以满足了，以前叫标准化生产或者叫模式化生产，现在叫食材个性化。你想吃什么样的辣味和什么样的麻味，餐厅就把你的要求记录下来，再用机器给你做出来。"

张勇对新技术应用之所以那么痴迷，完全是为了尽量满足顾客需要，为顾客提供个性化服务，以提升顾客在海底捞的就餐体验。

3.后厨不会有老鼠了

张勇说："未来我们在全球所有的火锅店后厨都没有人了。后厨没有人还有个好处，老鼠也就进不到后厨了。

"前几年我们家后厨来了一只老鼠，差点把我们搞垮。把无人后厨搞好后，就没有老鼠进得去了，大家完全可以放心。技术运用在食品安全管理上是非常有效的，创业者一定要用好技术，现在的技术是很便宜的，根本不用我们去研究，专家教授们已经给我们研究好了，我们用就是了。"

4.行业领先的新技术运用

2018年，海底捞在财务管理、员工管理、客户管理、供应链管理等方面都应用了数字化、信息化技术。财务管理方面，包括订餐、点单、买单、数据汇总、确认、核销、财务报账；员工管理方面，包括招聘、入职、转岗、离职、培训认证、制度传达、绩效考核、排班；客户管理方面，包括私人定制、会员管理；供应链管理方面，包括进、销、存、食品安全溯源。

第四节　有布局，海底捞的运营战略

一、海底捞的运营战略布局

海底捞的运营战略同海底捞的经营战略和其他战略相辅相成，造就了海底捞决策的一致性和竞争优势。海底捞的运营战略可以被视为使其运营管理目标和更大的组织目标协调一致的规划过程的一部分，涉及对运营管理过程和系统的基本问题所作出的根本谋划，包括运营管理过程和系统的长远目标、发展方向和重点、基本行动方针、基本步骤等一系列指导思想和决策原则。

海底捞运营战略布局，目的是支持和完成企业的总体战略目标，主要解决在运营管理领域内如何支持和配合企业在市场中获取的竞争优势。

海底捞运营战略分为两大类：一类是结构性战略，指长期的战略决策，包括生产运营战略、文化战略、供应链体系搭建战略、财务战略、人力资源战略、营销战略等；另一类是基础性战略，指时间跨度相对较短的战略决策，包括生产运营、产品质量管理、创新与研发、信息化技术应用等方面。

在海底捞运营战略布局中，产品是指作为商品提供给市场，被人们使用和消费，并能满足人们某种需求的任何东西，包括有形的物品，无形的服务、组织、观念或它们的组合。产品的相当于企业的灵魂，产品战略在运营战略布局中也就成了灵魂战略、目标战略，其余的战略布局诸如生产运营、质量管理、人力资源、供应链、财务管理、营销、技术等都是过程性战略，是由产品战略决定的。

二、海底捞的软实力布局

所谓软实力是指相对硬实力而言的非物化要素。在企业中，与硬实力（物）相对的软实力要素分别为人和事（管理活动），人分为决策者与执行者，事则分为有形的和无形的。根据人和事这两大要素，海底捞强大的软实力体现在以下六个方面。

第一，原动力，即以张勇为首的决策者的无形管理，以及张勇对核心团队的建设与对机制的设计。包括张勇提倡双手改变命运，树公司公平公正之风，追求把火锅开遍全世界，设置决策委员会等。

第二，规划力，即与张勇等决策者有关的有形管理。谋全局，谋长远，对海底捞未来形势的准确研判与预见能力，对生态战略布局的系统规划和对各种资源的整合能力，是海底捞长久稳定发展的基本保证。

第三，感召力，即与执行者有关的无形管理。指张勇通过自己的价值观、人生观、个人修养和行为准则，感染和号召企业上下及其他利益群体为共同的事业信仰而前行的能力。

第四，执行力，即与执行者有关的有形管理，在全公司上下践行"言必行，行必果"。在海底捞，这种执行力是积极的、主动的、富有创造性的。

第五，共识力，即将张勇等决策者的理想变为执行者的理想的无形管理。海底捞通过其组织行为，使团队成员对"靠双手改变命运，把火锅开向全世界，做世界第一品牌"的组织目标和决策达成共识，达到步调一致。

第六，管控力，即将张勇等决策者的规划变为执行者每天的行动计划的有形管理。海底捞在运营战略中通过信息化管理对产品生产环节实施管控，对核心业务火锅餐饮的服务全过程实施管控，把人性化与标准化有机结合，通过创新地提供差异化服务，满足千人千面的顾客需求和千变万化的市场需求，确保海底捞在裂变发展过程中不坠入"失序、失衡、失调、失续"的四大陷阱。

海底捞另一种软实力是其独特的文化战略产生的销售力。

在海底捞的运营战略布局中，营销策略体现出的软实力是惊人的。海底捞的营销策略重点之一是针对员工的营销。在海底捞企业文化战略布局中，张勇为海底捞树立的核心价值观是双手改变命运，设立的目标是创造一个公平公正的工作环境，将海底捞火锅开向世界，打造世界餐饮第一品牌。有了旗帜鲜明的核心价值观和目标导向，在管理的过程中，海底捞不断总结提炼经验，完善制度、流程和规范，真正实现了管理工作的人文化与狼文化的有机结合。海底捞全面推行尊重员工的文化，大力培养企业内部友爱互信，积极提倡诚实、担当、孝道、公平的文化，有权必有责、用权受监督的文化，鼓励创新、激励上进的文化，高效率、高素质、讲忠诚的员工队伍文化，使他们产生满意的回报感、获得感、成就感，并将这种感受传递出去，形成极大的销售力。

海底捞的运营战略效果，可以用一段话来概括：企业对员工的激励，使员工提高忠诚度和创造力，忠诚度和创造力使员工产生很强的销售力，用心向顾客销售服务和产品，增加顾客满意度和企业收入；员工努力用心把销售力转移至顾客身上，使顾客也形成销售力，不仅成了回头客，而且可能带来新的潜在顾客，进一步增加海底捞的收益。

三、海底捞的硬实力布局

从运营战略中，我们可以看出，海底捞不仅具有强大的软实力，更具有强大的硬实力。企业硬实力是与软实力相对应的物化因素，即企业直接支撑其市场行为的所有量化的物质形态要素，包括设备、厂房、资本、人力、产量、收入、利润等要素。

海底捞具有雄厚的资本实力，主营业务火锅餐厅到2022年已有超过1400家门店，超过十万名员工，2021年销售收入达到411亿元。海底捞国际控股和颐海国际两家港股上市公司最高市值超过4000亿元。

蜀海供应链2019年仓储分布在北京、上海等22个城市，冷链仓储总面积约20万平方米，至今已经是集销售、研发、采购、生产、品保、仓储、运输、信息、金融为一体的餐饮供应链服务企业，以仓储为中心的全程冷链配送覆盖半径300公里左右，其合作品牌已超过1000个，全球服务门店数已超过 10 000 家。

在海底捞的运营战略中，除了进军资本市场，还通过投资合作、坚持资本与实业双轮驱动完成了餐饮企业的全产业价值链布局；通过围绕核心业务辐射延伸，孵化出一大批企业实体；通过资本运作，带动千亿级餐饮产业链的协调发展。

▼

第五章

谁说海底捞只是火锅

2014 年,海底捞荣获美国商业杂志《快公司》评选的"2014中国最佳创新公司 50 强"称号,颁奖词如下:"海底捞已经成为餐饮体验的代名词,只要涉及体验的任何环节,海底捞都不甘于在尝试新元素上放慢脚步。如果有一天,海底捞变成体验的代名词,我们绝对不应该感到奇怪。"

第一节 三大硬招，出奇制胜

> "餐饮是一个完全竞争的行业，消费者体验至关重要。我们在很早的时候就非常重视顾客满意度，而顾客满意度是由员工来保证的。"
>
> ——张 勇

服务、产品及餐厅氛围，被誉为海底捞的三大硬招。

首先，海底捞致力于在每个就餐环节为顾客提供足够周到、贴心、个性化的服务。

其次，海底捞在菜单中不断增添新品，并为顾客提供优质的食材。

最后，海底捞独特的餐厅氛围和装修设计也深受顾客青睐。

沙利文调查结果显示，海底捞已是当今知名度最高的中式餐饮品牌。海底捞出售的不仅仅是火锅，更是一种独特的以客为本的就餐体验。

一、超预期服务，满足顾客个性需求

顾客在海底捞用餐时，从到达、等候、点菜、用餐，到中途去洗手间、饭后结账等每个环节，都会感受到海底捞对服务的重视和服务的别具匠心。

到达。客人到达后会有人帮忙泊车，会有门童带着微笑右

手扶左胸、腰微弯、头微点、面带微笑，行"海底捞礼"，并热情地招呼"您好，请问有预订吗？"，然后帮忙拎东西，安排客人在等候区就座，或带客人去预订的座位。

等候。海底捞生意向来很好，客人不经预订通常都要等位。等待的时间往往是难挨的，但海底捞的等候区却让人感到轻松愉快。等候区准备了许多水果和零食，还提供豆浆、柠檬水等饮料，还可以玩牌、下棋和免费上网。

海底捞一般都开在商业中心，即使你不用餐，逛商场累了去休息会儿，照样可以免费享受以上服务。此外，等候区还提供免费美甲、擦皮鞋等服务。因此，原本令人烦躁的排队在海底捞成了特色和招牌之一。

点菜。在客人用 iPad 点菜的时候，服务员会关注其点菜是否偏多，还会推荐新菜品，并提醒客人有的菜可以点半份。

用餐。在用餐过程中，海底捞服务员会一丝不苟地为客人提供细致周到的常规服务。如给客人发热毛巾并随时更换；给长头发的客人提供橡皮筋扎头发；给带手机的客人提供小塑料袋把手机套上，避免溅水溅油；给戴眼镜的客人送免费的擦镜布，甚至帮忙洗眼镜；涮锅开始前，为了避免油污弄脏衣服，会给每位客人提供海底捞特制的漂亮围裙，这成了海底捞一道亮丽的风景线。

海底捞备有儿童餐、儿童餐椅、儿童餐具，并提供代陪小孩服务。海底捞的服务员不仅可以帮忙哄孩子，还可以帮忙给孩子喂饭。海底捞还设有专门的游乐区，根据需要，客人可以把小孩送去或让服务员来接小孩去游乐区游玩。游乐区的小朋友会佩戴特殊的标识，记录桌号、客人手机号、小朋友名字。没有家长出面，任何人都接不走小朋友。游乐区还装有监控，以确保小朋友的安全。海底捞还专门设有育婴室，为客人给婴儿哺乳、换尿不湿提供空间。

海底捞的洗手间服务，被一些人评价为五星级，不仅环境卫生，还配有专员帮客人拧水龙头、递擦手纸，提示客人使用洗手液和消毒酒精等。此外，在海底捞的洗手间，除了常备的卫生纸、擦手纸、香水、梳子、洗手液、牙膏、牙刷、棉签等，还有 40 种客人可能会用到的日用品，甚至比一般人家里的日用品还齐全。

在海底捞，服务员有一点小失误就会马上表示歉意，并给客人换菜、送菜、打折。他们常会给客人一些小惊喜。比如，他们会根据现场客人的心理需求，免费送一些小礼品。了解到客人今天过生日时，他们会免费送上大果盘，一起为客人唱专属的生日歌曲。外地客人来用餐时，他们会主动准备一份有纪念意义的小礼品。如果客人要在海底捞合影留念，他们会在用餐结束前把照片装进相夹送给客人。

有一次，客人点菜的时候问了一句"有蒜苗吗"，服务员马上回答："菜单上暂时没有，如果你们需要的话，我们可以马上去准备。"不到十分钟，服务员就为客人免费送上了一大盘十分新鲜的蒜苗。这个细节让客人很高兴，不是因为吃了一盘不要钱的菜，而是因为能感觉到海底捞看重客人的需求，让人高兴。

结账。海底捞服务员会热情地帮客人做好会员登记，记录其用餐习惯、爱好和其他特别的要求等信息，并询问客人用餐是否愉快，还会送出装满各种海底捞小吃的礼盒。离店的时候，主送的服务员一定会带着微笑目送客人离开，一路上碰见的服务员都会向客人行"海底捞礼"，对客人说"再见"，给人一种"走红毯"的感觉。

二、百变菜单，尊重顾客个性选择

除招牌的高品质服务以外，海底捞的优质菜品也备受好评。海底捞火锅的菜品由三个主要部分组成，即锅底、蘸料以及食材。

锅底。海底捞有许多招牌锅底，如牛油麻辣锅底、清油麻辣锅底、番茄锅底、菌汤锅底、三鲜锅底等，还会根据市场偏好适时提供季节性锅底，比如猪蹄锅底、椰子鸡锅底等。顾客可以选择单点，也可以选择两种不同锅底组合的鸳鸯锅底和四种不同锅底组合的四宫格锅底。海底捞还按照地方口味改良了多个地区门店的锅底，以适应不同地区顾客的口味差异。另外，海底捞还会根据顾客的要求对锅底口味做出调整。

蘸料。海底捞所有的餐厅均设有自助蘸料调味台。除大厅有两到三处，雅间还设有流动自助蘸料调味台。顾客可以根据自己喜好混合搭配不同的调料，并在该过程中获得乐趣。一位顾客在海底捞用餐时，用香菇酱、牛肉末、芝麻酱等调制出了独特口味的调料来拌面，后来不少人去海底捞也都会吃上一碗这种自制面条。

海底捞的自助蘸料调味台上通常有20多种调料，如芝麻酱、沙嗲酱、海鲜酱、辣椒油、香菜、蒜蓉和辣椒末等，其中绝大部分酱料的配方都由海底捞拥有，并由海底捞自己控制的第三方公司生产。此外，海底捞自助蘸料调味台还提供凉菜、水果及汤类或粥品。

食材。海底捞餐厅的食材一般由店长在总部提供的约100种食材中挑选出来。一般而言，每家餐厅会提供60种至80种食材，菜单会因地区的饮食偏好和餐厅面积而有所不同。考虑到海底捞对食材质量和安全方面的高标准，各地区的食材供应情况也会因此而有所不同。

海底捞会定期更新菜单，同时，为了满足顾客的个性化需求，餐厅也会尽量满足顾客临时提出要吃的菜单上没有且非公司禁卖的食材。

海底捞的创新菜品一直以来都备受顾客青睐，这些顾客时常将海底捞的新菜品在社交媒体上同步分享。部分顾客自创美食（如抖抖面筋球）在受到欢迎后，海底捞就会将其列入菜单，使其成为常规菜品。

三、氛围体验，独具匠心的餐厅设计

火锅通常是家人、朋友、同事在待客或庆祝时一起享用的美食。海底捞致力于把餐厅设计为让顾客感到轻松、舒适、愉快的"第三空间"。过去，海底捞餐厅配色均为红色与黑色。

2016 年，海底捞用浅绿与黄色的配色，将部分餐厅布置成了全新的现代清新主题，并重新设计了家具、餐具。海底捞还计划在未来继续尝试不同的设计与主题，以改善其餐厅环境氛围，提升顾客的就餐体验。

由于火锅不需要大型厨房的特殊性，海底捞餐厅 72% 至80% 的面积为就餐区。每家餐厅面积在 600 至 1000 平方米，可以摆放 65 至 90 张餐桌，总共可容纳 300 至 500 位顾客。海底捞海外门店的就餐区面积一般为 325 至 750 平方米，可摆放75 张餐桌，总共可容纳 200 至 500 位顾客。海底捞力求餐厅的布局设计能够优化其桌椅比例，以尽量提高座位容量及翻台率，减少顾客等候时间，改善顾客体验。

第二节　有一种体验叫海底捞

海底捞的差异化服务，给顾客带来了优质的就餐体验。这种人性化的服务，让顾客对海底捞有极高的忠诚度。下面是几个小故事，希望能带给你别样的感受。

一、一串手链，情系一颗纯真童心

海底捞的服务员常常会收到客人的礼物，因为客人吃出了感动、吃出了感激，觉得不送礼物不足以表达。新加坡四店的王博就收到过客人不少小礼物，最特别的是一串项链，其他还有画着彩虹、写着"加油"的扇贝壳，一只小小的写着悄悄话的漂流瓶，一张 2011 年发行的周杰伦的 CD……以下是王博的讲述。

"2011 年在上海八店，有天上午，我接待了一桌顾客，那是一位父亲和他约莫十多岁的女儿。刚坐下时，我就感觉父女之间的气氛不大对劲。父亲一直责备女儿学习不努力，只知道贪玩，期中考试又不及格。小女孩坐在桌子的另一边，耷拉着脑袋半晌也没吭声。这样的场景让我有点蒙，于是刚开始服务时也不敢过多打扰他们，加汤续水都是蹑手蹑脚的。但我一直在听他们之间的交谈，观察他们的表情。

"餐中，我又一次给一直挨训的女孩加水的时候，发现她泪水在眼眶里直打转，脸上表情看起来很委屈。我感觉'火山'马上就要爆发，赶紧放下水壶，飞奔到后堂端了一个果盘，在脑海中搜索了各种大小道理，然后冒着不被领情，甚至会被排斥的风险，硬着头皮上去劝说。

"'先生，您好！对不起，我可以打扰一下吗？这是我们海底捞今天送给您的果盘。'当我说出这话时，那位先生疑惑地看着我，停止了讲话。'这个果盘虽然很普通，但今天有一个很特别的名字叫"父爱如山"。刚才我无意听到了你们的对话。其实，爸爸今天讲了那么多道理，是希望女儿将来更好。我以前也特别反感我的爸爸妈妈啰唆，可当我上了大学、走上了工作岗位以后，我才明白当时要是好好听父母的话，读书多用功一点，今后的选择就会更多，路会更宽。'说完这番话，我又对那位父亲大致说了现在的小孩都很聪明，学习不好可以找方法，骂是骂不好的，急是急不来的……

"让我比较欣慰的是，父女俩停止了较劲，开始认认真真吃火锅，最后买单离开了。事情过了一个多月之后，一天担当突然通知我去趟门口，说是有顾客来找我。当时，我还没认出父女俩，结果小女孩从口袋里掏出一串用扣子做的手链对我说：'哥哥，谢谢你上次的服务，这是我亲手做的一串手链，送给你表示感谢！'"

王博怎么也没想到，自己的一番话，竟然让顾客感受那么深。小女孩的父亲说，他已经给女儿报了一个暑假补习班，就在他们店附近，她的学习成绩也有了进步，这次路过，顺便来送礼物。

"这条收藏了好几年的手链，有天翻出来时，我发现它居然是用 26 粒扣子做成的，因为 2 月 6 日是我的生日，26 一直都是我的幸运数字，真的非常巧合，每次回家时看到它，我都会很感激。"

二、付出真心，让小朋友产生变脸情结

顾客李哥说："第一次知道海底捞是 2012 年，从西安转机时，好友邀我去了海底捞。未进大门时，已经有一双热情的手把我迎进门，还帮忙拎行李，送上我这个福建人喜欢的地瓜粥，让我见识了服务至上的海底捞。

"后来厦门也开了一家海底捞，就成了我和朋友常去的地

方。我也认识了一批老员工，一进门他们都称呼我'李哥'。那里有专门的宝宝床，有专人帮助照顾孩子，服务员无微不至。我的孩子叫 Roddy，一个月大就在海底捞吃饭，到两岁多已经慢慢喜欢上海底捞的变脸。变脸时服务员都会把我的孩子抱去看，Roddy 被变脸感染，回家就拿毛毯当披风学变脸。他渐渐迷上了海底捞的变脸，天天在家学。我们夫妻俩感觉他是真爱变脸，所以找了个厦门的变脸师傅，专门带孩子去看变脸。结果 Roddy 说，这个不是他想要的变脸，和海底捞的不一样，我们这才知道原来派别不一样，只好带着 Roddy 去了海底捞，店长知道我们的想法后，让店员龚帅哥教 Roddy，每周一节课。孩子现在学了一年多，已经会变几张脸了。我的小女儿 2018 年出生，一周岁同样在海底捞过生日，哥哥 Roddy 表演变脸给大家看，引来了身边朋友的掌声，让我感动不已。感谢海底捞，感谢所有对顾客真心付出的员工们。"

三、发好毛巾也能感动顾客

北京六店高荣霞也分享了她的故事。

"我负责给顾客发毛巾。刚开始不会考虑顾客的感受，一个月不到，我发现要把毛巾发好也是有学问的，但只要我要付出真情，用心去做，顾客百分之百会给出正面反馈。有个周末晚上，店里来了两女三男五个在校大学生模样的年轻人，落座以后兴致勃勃地用手语交谈着。我急忙递上热毛巾，微笑地用眼神和他们交流。他们同样回我以亲切的笑容，几个小伙子满脸淌汗，其中一个拿着热毛巾，脸向上一仰，蒙住了整个脸，另外两个小伙子也跟着学，逗得旁边两个女生直乐。不到五分钟后，当我准备为下一拨客人发毛巾而经过他们身边时，几个小伙子几乎同时伸手向我要毛巾。我随即夹起一块先给了最近的一个，没想到他拿着毛巾，指了一下，双手一摊，脸上流露着一种仿佛只有我才能看懂的笑。我马上认识到可能是他觉得毛巾没有刚才那个烫了，就做了一个 OK 的手势，飞快地去毛巾车重新取了一些烫毛巾再次发给他们。事实证明，我的感觉是正确的，因为他们向我竖起了大拇指，向我表示就要这样的。这种无声的默契交流，使我由衷地感到一丝成就感和快乐感。临近交接班，我特别嘱咐接班的小伙伴要用心关注这几个年轻人，要给他们提供好个性化服务，尤其是发毛巾频率要高一些，毛巾要烫一些。

"有一次，店里来了一男一女两个中年外国人，一落座他们就使用英语交流起来，我夹起毛巾上前，把荒废了多年的英语重新捡起来：'Hello, Excuse me?' 还没等我说下一句，那位男士眼神一亮接过了毛巾，冲我友好地笑了，女士也亲切地伸出手来。从他们表情中流露出来的满足感和赞同感使我深有感触，我离开他们几米远了，从余光中还能发现他们非常和善的笑意。工作使我变得更加热爱生活，因为我从工作中得到了别人的认可。

"还有一次，一家男女老少六口人来聚餐，坐在靠边的166 号桌。大家吃得很香，聊得很'嗨'，特别是一位中年男子，说话声音大，看起来很有权威，感觉得到是家里边掌舵和操盘的人。一顿饭下来我发了三次毛巾，到第四次准备发的时候，他边摆手边说'五分钟后再来'。我立刻冲他笑了笑，回了一句'好，五分钟后见'。顾客的每件小事都要当成大事来对待，这是我来海底捞不到一个月亲身体会到的，更是一种文化的传承。五分钟很快过去了，我重新取了些热毛巾径直走过去。那一刻，他们全家都乐了，尤其是那位席间一直谈笑风生的男士，向我竖起了大拇指，我也亲切地递上一句'先生，五分钟到了'，热闹的欢笑声顿时响起。我想这种笑声应该是感谢的笑，诚信的笑，也应该是温暖的笑。"

在高荣霞看来，发毛巾是再平凡不过的工作。但是她认为，认认真真把一件小事重复千百遍地做好，把工作用心用情地去做，顾客是能够体会得到的，在这个过程中，个人的价值也会在平凡的工作中不断提升。

四、免费美甲，海底捞的特色体验

如果说发毛巾是常规服务，那免费美甲就是特色服务项目，它满足了人们的升级需求。一位顾客说："每次去吃海底捞，我都一定会排个美甲号，不管饭吃得开不开心，美甲后的手才是最终决定我心情美不美丽的重要因素。"

有顾客对此深有感触。

"海底捞的美甲不仅吸引了我，吸引了我的妈妈，甚至连我们家的阿姨都上瘾了，说是下次还来海底捞。

"有一次我带着家里一群美丽的女人去吃海底捞，刚到门口，阿姨就问我：'美甲的号到了吗？'我无奈地看着阿姨：'海底捞美甲不是那么好排到的哦，我已经排了，先吃饭吧，吃完之前应该能排到，不过今天是手部护理，不是美甲。''啊，不是美甲？那我不做了，手部护理我没兴趣。'美甲师看着阿姨，甜甜地笑着说：'阿姨，我们的手部护理不错的，反正是免费的，您可以先试一下嘛。手部护理不会占用您太多的时间，您做完之后手部的皮肤还会变得很好哦。''那我也不想做。'阿姨头也不回地往餐厅里走去。

"吃饭过程中，阿姨的电话响了起来：'您好，这里是海底捞手部护理，您预约的手部护理号到了，现在有时间过来吗？'原本说不去的阿姨，在我和妹妹接到电话后起身准备去做手部护理时，居然说：'做完之后手会变得好看是不？我还是去试一下好了，去试一下。'

"'请坐，我们先做一个手部清洁，要洗三次手哦。'美甲师挂着微笑，轻声细语地介绍着。过程中阿姨一直盯着自己的手看。'这样就好了吗？做完之后觉得手轻了好多哦。'阿姨摩擦双手，惊讶地看着我，'她还帮我按了一下，是很舒服，一会儿叫你妈也出来做一下，不试一下就亏了。'

"看着阿姨边走边赞不绝口的样子，我只觉得应该早让她们体验。回到座位没多久，妈妈的电话响了，是海底捞美甲师熟悉的声音。妈妈想拒绝，但这次不用我开口，阿姨已经张嘴劝她了。回家以后，阿姨跟我说：'下次还去吃海底捞吧。''干吗，你吃上瘾了？''也不是，吃我也吃不了很多，要不你们下次去吃的时候帮我约美甲号啊，手部护理也可以。我老是洗菜什么的，偶尔做做也挺好的。'阿姨摸着自己的手，笑嘻嘻地说。'行啊，以后我就多带你们去吃，吃到腻了为止。肚子吃饱了，手也美美的。'看着阿姨一脸幸福的样子，我知道带她们去吃海底捞的选择是对的。

"免费美甲和手部护理已经成为海底捞的特色服务，现在也成了让我们一家人拥有共同回忆、共同爱好的服务吧。"

五、小欢送菜，技术提升顾客体验

石家庄一店的王富贵给大家介绍了一位店里新来的"特殊小伙伴"。

"这两天店里来了一名特殊的小伙伴，面对客人永远是一张温和笑脸，堪称完美员工，他就是送餐机器人，名字叫欢乐送，也叫小欢。

"小欢是机器人，没有人的外形，看上去像是菜架，顶部有个摄像头是他的'眼睛'，用于识别特意为他安装在天花板上的路标，这可真是名副其实的'眼高于顶'了。小欢的底部装有雷达探测仪，如果有人挡住了他的去路，他就会委屈地说：'小主，你挡住我了，麻烦让一让吧。'小欢到大厅的时候，伙伴们都礼貌地给他让路，还忍不住看他两眼，客人看到小欢把自己点的餐食送到餐桌，惊叹的同时也忍不住欢悦。

"一次小欢从一位抱着小宝宝的爸爸面前路过。宝宝看得眼神发直，爸爸眼神也显惊奇。爸爸为了让宝宝开心，硬是抱着宝宝跟在后边走了起来，直到小欢拐进后堂通道，宝宝还嚷着要看机器人，爸爸哄着宝宝说：'机器人回去了，要等一会儿才出门呢。'宝宝不舍离去，爸爸也就耐心地抱着宝宝在后堂通道口'守株待兔'。过了一会儿，小欢又从后堂通道出来的时候，宝宝的眼神又亮了起来，爸爸便抱着宝宝又追了上去。隔壁甜品店的老板和商场物业的大哥听说我们家来了一个特殊的小伙伴，也纷纷赶来一看究竟。总之，小欢总是会一次次地吸引所有人的目光。"

海底捞依靠科技不断提升服务效率，改变场景，给顾客带来更加不一般的就餐体验。

第三节　无法回避的客诉，坦然面对

> "所有餐饮企业面临的困难，我们同样面临；所有餐饮企业不能解决的问题，我们依然没有解决。"
>
> ——张　勇

服务行业处理客诉，是一件令人头痛的事情。顾客是多种多样，顾客的诉求更是千变万化的。张勇认为，在处理突发事件上，具体问题具体分析很重要。那么海底捞门店在处理客诉事件时都秉承什么原则，都有哪些做法值得借鉴呢？以下是海底捞员工对几个具体案例所展示问题的看法和解决方案。

一、大学生优惠券使用超时

下午 4 点 22 分顾客到桌就餐，人未到齐，说要使用大学生优惠券。服务员解释了大学生优惠券使用规则，下午 5 点之前买单并离店可以使用。但顾客说他们要在 5 点前买完单再慢慢吃，如果 5 点之前让他们买单并离店，就是赶他们走，那他们就要发微博、抖音曝光。

郑州二店杨振杰：大学生优惠券使用规则是死的，但是我们要去分析顾客需求的特殊性。我们已经预估到问题的严重性，就不应该赶走顾客。顾客在店里逗留的这段时间，也为我们抓顾客提供了更多的机会。

北京一店王军军：如果顾客非要使用大学生优惠券，为确保顾客满意，我们应该利用授权给顾客手动折扣，再递上名片，方便顾客后期预订餐位，确保回头率。

西安三店崔晓云：我们可以合理利用授权赠送礼品、菜品维护顾客，给顾客解释说明大学生优惠券的使用规则。如果顾客还是不理解的话，我们有权不受理该优惠券或取消其优惠资格。

二、特殊群体要求插队

一位女士带着孩子等位，快排到她时，她以宝宝饿了为由要求店员直接安排就餐，门迎考虑到她带着孩子，表示下一桌将为其优先安排。该女士不听劝解直接插队，进入店内抢位置用餐，并声称要投诉本门店。

北京六店王丹丹：应对门迎组伙伴进行培训，老人、孕妇、小孩等特殊群体要主动优先安排就餐，该案例中客人都快到号了，显得门店很被动。

东莞二店胡鹏：应先给客人道歉，希望客人理解，表明前面客人已等位很长时间，承诺下一桌给其优先安排。考虑到宝宝饿了，可询问客人是否需要为宝宝准备鸡蛋羹、牛奶、宝宝面等。后期由专人进行回访，对被抢座的客人道歉并使用授权为其打折，可以询问其是否同意互留联系方式，方便以后来店时视情况为其优先安排就餐。

郑州二店杨振杰：这位女士不听劝解，直接插队，这从性质上说是不对的，我们必须从根本上否定这种行为。对于她的投诉，我们可以直接面对，无所畏惧。但是孩子属于特殊群体，我们应该在他饿的时候给他特殊关怀，比如可以让小吃房先做一些宝宝餐，前提是一定要和孩子妈妈沟通好。

三、菜品卫生问题引发纠纷

某天中午，一桌客人在门店就餐时，在菜品中发现一根头发，客人态度强硬。店经理知晓这个情况后，立即向客人致歉并给客人换锅换菜，客人说没有胃口再吃了。店经理与客人沟通，如果实在没有胃口吃门店的菜品，可以请客人在商场的其他餐厅用餐，客人愤怒地拍桌子说店经理赶他们走，并拍照表示要揭露给所有媒体。

北京一店王军军：先确定质量事故是否属实，如果属实，我们要向顾客真诚地道歉，征求顾客同意后换锅换菜，再观察顾客的情况，可采取打折、免单等措施。我们要主动给顾客最低折扣，这样顾客就不好意思再提出过分要求。

北京六店王丹丹：店经理要安抚顾客情绪，同时通过监控查明头发来源。此时顾客的情绪比较激动，要多倾听顾客声音，感激顾客发现得早，满足顾客的合理要求，邀请顾客以后到店感受服务，结交朋友。

郑州二店杨振杰：我们提供的菜品中存在头发，的确是我们的过错。但是在我们提供了合理并且可观的补偿，顾客依然存在刁难行为时，我们要学会冷静面对。

第四节　争议中的海底捞，永远在路上

一、常规服务，海底捞的镇店之宝

在服务行业，顾客满意度是重中之重。海底捞被众多餐饮企业视为服务的标杆，但同时其服务也得到过"过度热情""变态服务"等评价。张勇曾提醒海底捞人"不要把自己认为好的服务强加给顾客"。随着时间的推移，由于制度调整和员工缺失，"变态服务"的声音渐行渐远，而常规服务没做好的声音则变多了。

2018 年 7 月，海底捞组织过一次内部调查。

服务员反映，维护桌面卫生时曾被客人误认为是在赶他们走；门店设施陈旧，房顶不时漏水；翻台高峰期不问客人就直接把围裙放在客人旁边，有时客人都没看见，还会跟服务员要。

电工反映，夏天到了，有的区域开着空调，又开着新风系统，有时客人都拿披肩了，服务员也不知道第一时间把附近的空调关掉一部分；餐桌的炉具检查不到位，很多时候客人到了，锅上来了，服务员才发现火打不着，叫电工修理。

担当反映，片区进行大麦酒的促销工作评比，服务员每卖出一瓶奖励一元钱，所以就出现了客人一落座，服务员就给客人介绍大麦酒的现象，服务员在介绍过程中也会夸大其词，没有尊重顾客意愿，有的客人喝不习惯，喝一口就不喝了；客人咨询会员积分清零规则时，服务员回答得很含糊，顾客不能清楚地理解。

海底捞内部通报中提到，设备设施、就餐环境、菜品质量、个性化服务等会影响顾客满意度的因素实在太多了。在不到半年的时间中，海底捞关注了顾客对排号、等位的质疑，关注了顾客因喜欢的菜品沽清、菜品缺乏创新而感到的遗憾，也关注了赠送给顾客的礼物质量问题，关注了顾客对营销活动的不满，甚至还关注了顾客对开发票服务的建议。但是，顾客最关注的事情，很多时候却被忽视了。

同样在 2018 年 7 月，海底捞就影响顾客满意度的因素收集了顾客的心声，并在公司内部进行分享。

"香菜空了一晚上，吃完了都没有补，这个实在不能忍。"

"我这里上菜的服务生连口罩都不戴。"

"感觉现在全是自助了，一点都不是以前的眼到、手到、嘴到。"

"现在手机袋、眼镜布都不会主动给我们提供，看到我们带孩子也不主动提供儿童餐椅。我们主动要了吧，服务员还说孩子坐着会挤，建议坐个坐垫。可是坐垫软软的，起不到增高作用，孩子也不愿意用。"

"对了，点虾滑，服务员都不给下了，都是自己下，估计也就差面不用自己拉了。"

"我周六吃海底捞的时候，火没开，服务员还一直要下菜，明明看到汤不滚还一直催。我还带了宝宝，大家轮流抱娃吃。之前碰到过好的店面，吃饭还帮忙带孩子，差距太大了。"

"可以看儿童游乐区的那个监控太不方便了，停留几秒就消失了，想看就得不停用手去点，还能不能好好吃饭了？"

"我感觉现在海底捞大力拓店、招人，各种服务质量都在下降……"

海底捞内部通报指出，顾客是一桌一桌抓的。想当初海底捞靠细致周到的服务赢得的顾客现今正在抱怨海底捞的服务。最关键的是，他们抱怨的服务，并非海底捞人所追求的感动服务、个性化服务，而是最基本的常规服务。比如看到顾客的水杯空了，就第一时间给添上；看到顾客想吃虾滑，就第一时间询问并协助下菜。只要做好常规服务，就能够达到雪中送炭的效果。让顾客感动是锦上添花，可以主动追求，但不能本末倒置，忽略了顾客最基本的需求。

如何赢得顾客？站在企业的角度，必须做到创新服务。但站在顾客的角度，首先希望服务员做好常规服务。尽管常规服务也是从以往一次次的创新服务中演变而来的，但常规服务对顾客而言，已经像吃火锅必须要点锅底一样，是就餐的前提，也是每一位顾客的标配。

二、个性化服务，感动顾客关键是用心

与顾客互动是海底捞个性化服务的一大亮点，但个性化服务如果出了差错或用力过猛，有时也会弄巧成拙。一位不愿意透露姓名的海底捞员工为此介绍了两个案例。

1. 断了的长寿面

我在海底捞工作，公司组织员工父母旅游，给员工父母发工资，老爸感到很荣耀，总想在他那帮老哥们儿面前显摆。趁着多年好友徐叔叔生日的机会，他做东邀请哥们儿在海底捞一聚。

到店以后一切都很完美，环境好，服务好，服务员嘴也甜，哄得他们开心得很。听说是徐叔叔过生日，服务员还特地免费送了一根长寿面。结果，坏就坏在这根面上。

过来舞面的小伙子年轻帅气，把面一甩，赢得满堂喝彩。没想到，快结束的时候，他用力过猛，把捞面甩断了。徐叔叔脸色当时就变了，长寿面断了，这兆头搁谁谁也不高兴啊！看吧，本来完美的生日聚会，因为一根断了的长寿面不欢而散。

2. 男扮女装的寿星

我和朋友在海底捞某店用餐，旁边一桌有个帅哥过生日，服务员跟桌上的顾客一起起哄让寿星帅哥戴上新娘头纱逗乐。

吃完饭，我跟这位帅哥上了同一辆公交车，结果听了一路吐槽："今天真是糗大了，过个生日，海底捞的服务员起哄，让我戴个头纱，我不要面子吗？可一桌子人，我又不好意思拒绝，别人根本看不到我心里已经骂了无数次了，真窝火。"

两个案例都是与顾客互动，结果都是顾客极不满意。到底是哪里出了问题呢？个性化服务强调的应该是"个"，特别是第一个案例，过生日送面不是个性化服务，而是类型化服务，是对过生日这一类顾客群体的服务。只有针对每个个体，才是真的个性化。同样是这捞面，对新潮的年轻人而言，舞面舞得精彩就是最佳效果，断了也无所谓；而对注重长寿的老人而言，安安稳稳地送一根长长的不断的面，可能就达到了最佳效果。第二个案例里，服务员看到了生日活动这个点，但是光想到活跃气氛，没有更进一步想到寿星内心可能抗拒戴头纱，所以功亏一篑。

感动顾客必须要用心。如果将个性化服务形式化、流程化，仅仅为了个性化而个性化，必然造成对顾客需求的理解错误，不仅感动不了顾客，还会产生负面作用。

一位不愿透露姓名的海底捞员工介绍，为了支持前堂小伙伴们创造感动案例，后堂伙伴们为顾客精心准备了各式各样的赠送菜品。赠送的菜品有不同的类型，全家聚餐时，会送上"全家福"；见到成双成对的顾客，会送上"情侣菜"；给小朋友会送上炸火腿肠、炸虾片；给消化不好的老人会送上"老人菜"等。然而针对不同的顾客，怎么样服务才能让他们感动，这必须具体分析顾客的情况。

员工小王看见一男一女两位顾客，就贸然送上"情侣菜"，还说了一些祝福的话语，殊不知这两位是兄妹关系。顾客很尴尬地说："搞错了吧，我们不是情侣，她是我的妹妹。"

员工小李给顾客过生日，所有的准备工作都做好了，蛋糕、礼物、小伙伴都已到位。可当小李让过生日的顾客许愿时，才被告知今天不是她的生日，而是旁边那位小姐姐的生日。小李只好重新给真正过生日的顾客庆祝生日，放生日歌，这不免让顾客感到尴尬。

员工小艳为自己服务的每桌顾客都送上"节节高升"。有一天，一桌顾客全是退休老同志，她也给他们送上了"节节高升"。一位顾客见了以后就调侃了一句："都退休了，还节节高升，升到哪里去啊，爬烟囱啊？"

送东西可以感动顾客，但感动顾客也不一定要送东西。而且如果送东西没有送到点子上，也会适得其反。

一位不愿透露姓名的顾客讲述了她在海底捞的亲身经历。

"作为一名海底捞粉丝，我在去店里用餐的路上还是比较开心的。踏入海底捞门店范围内，看起来大家还是一如既往的热情。到餐位就座后，当台小哥做了自我介绍，说有事可以找他。

"在刚开始用餐的时候，当台小哥又送菜又送蒸蛋，还询问我是不是大学生之类的问题，这对只想安静吃饭的我和家人来说，无疑是打扰行为。用餐过程中他向我们做自我介绍不下两次，我们点餐的时候他还在旁边观察着。我在海底捞吃了这么多次，唯独这一次让人挺不舒服的。

"最后吃完准备离开时，当台小哥说为了感谢我们一直以来对海底捞的支持，送了我们一些小零食，还说里面有小婴儿玩具，可以拿回去给我小孩玩。这让我很不解，难道我看起来是已经结婚生过小孩的妈妈吗？我做了什么事能让他有这种误会？难道小哥哥是暗自提醒我不要再单着了，该找个人结婚生娃了？需要这么"体贴入微"吗？

"整个用餐过程中，就连我妈妈都觉得被打扰了。有时候过于热情不见得是件好事情。对于一些喜欢安静的顾客，这样就不太好。另外，送礼物也要挑对礼物，送对人。"

三、减少误解，服务也有原则底线

作为顾客的"第三空间"，海底捞可以满足顾客很多要求。但是海底捞毕竟只是餐厅，功能是有限的，给顾客提供服务、满足顾客要求的方面和程度也是有限的。海底捞会让服务员用心为顾客服务，尽量满足顾客的要求。但是海底捞不可能满足顾客无限的甚至不合理的要求，服务也是有原则底线的。

一位不愿透露姓名的海底捞员工认为，海底捞的个性化服务被一些顾客误解了。

　　"前段时间送西瓜暗号在网上流传，前来就餐的顾客常常以不同的方式来考验我们的个性化服务。顾客会很直白地说'你们的西瓜真甜'，示意服务员送整个西瓜。也有顾客会说：'你们家的西瓜怎么这么甜，外面市场买不到，能不能打包一些？'当顾客提出这样的要求时，按照海底捞的经营理念，需要满足顾客，我们就要给顾客打包西瓜。

　　"我们店周围酒吧比较多，晚上来的顾客大多数都是酒吧的顾客。为了维护顾客，店里会送几瓶啤酒，久而久之就成了常态。一旦啤酒送慢了，或者没有赠送，顾客就会不满意。更有些时候，我们赠送了啤酒，顾客喝醉酒以后还不买单，跟服务员胡搅蛮缠，甚至砸坏门店的东西。

　　"早上物流站送货到门店，卸货的时候有顾客看到刚刚卸下的蜂蜜，拿着就要走，非让我们送两桶蜂蜜，如果不送就要投诉我们服务差。员工急忙让值班经理来处理，当值班经理解释这是门店产品时，顾客依然要拿走。值班经理担心顾客投诉，没办法只能眼看着顾客硬生生地把蜂蜜带走了。顾客觉得理所当然，连句谢谢的话都没留下。"

　　另一位不愿透露姓名的海底捞员工直接追问道："我们服务的底线在哪里？

　　"为了博眼球，试探海底捞的服务底线成了一种潮流。有些顾客开始研究如何吃垮海底捞，如何挑战服务员的底线让服务员生气。'听说你们总是为顾客考虑，我能插个队不？''都说海底捞服务好，我烟瘾犯了抽支烟行不？''今天心情不好，你能不能单独为我服务？''你们每个服务员都有授权，你最大的权限是多少？给我打个折，不然我不满意。'什么时候我们的贴心服务成为顾客提无理要求的借口了？

"我们是否应该出台一个标准，规定什么是常规服务，什么是额外服务，额外服务的上限在哪里。我不希望有一天我也会变心，反正送出去的东西又不用我掏钱，就随便答应顾客的各种要求，免得被投诉。我希望我的真心服务换来的是顾客满意和夸奖，不想看一部分顾客比着占更多便宜。"

这样的员工很多，因为他们都把海底捞当家，除了看不惯少数顾客的行为，也有一份担心，担心这样会把海底捞吃垮了，更担心自己忘掉海底捞人的本色和初心。

其实，这位员工大可不必太过担心，张勇的态度很明确：第一，顾客永远是上帝，即使是占小便宜的顾客；第二，占小便宜的顾客是吃不垮海底捞的；第三，极端无理的顾客毕竟是少数，员工可以有理有据地拒绝，维护自己的尊严和公共利益。他算的是大账，在简阳开那么多年火锅店，他只有两万元的账没有收到。

▼

第六章

好吃的火锅自己会说话

　　火锅行业发展到今天，已经到了模式战胜经验的年代。海底捞之所以能够超过诸多竞争对手，成就高品牌价值，是因为服务创造了价值。面对各式各样的对手，海底捞打造了差异化的竞争优势——服务火锅。

第一节　品牌定位，让顾客深深爱上海底捞

2019 年 7 月 2 日，"2019 中国餐饮营销力峰会暨中国餐饮（品类）十大品牌颁奖盛典"在北京举行，"2019 年中国火锅十大品牌榜"揭晓，海底捞排名第一，呷哺呷哺、德庄火锅紧随其后。2023 年 1 月 8 日，"2022 中国品牌 500 强"榜单发布，海底捞名列其中。"红餐网"发文分析指出，随着人们对环境、体验、服务等方面的要求越来越高，没有品牌价值的门店将不具备竞争优势。未来，卫生、品牌、服务的溢价能力会越来越强，消费者也会越来越青睐品牌连锁餐厅。同时，未来火锅市场将不可避免地由分散走向集中，届时，品牌力量将是决定企业能否在市场竞争中突围的关键。

海底捞不仅仅是质量稳定的火锅，从情感价值看，客人也认为吃海底捞有面子。海底捞不会说自己的火锅最好吃，但它的服务最好，能满足消费者的需求，且具有性价比优势。人均花百元左右，就能让客人获得有面子的情感价值，这就是海底捞的性价比优势。

一、西安实践，海底捞品牌定位初探

海底捞出川到西安开设第一家店的时候，就面临了严峻挑战。开业后半年时间里，餐厅运转都不正常。张勇坚信，西安与四川同处中国西部，两地饮食习惯应该比较类似，且西安气候偏冷，当地人更喜欢汤锅之类的餐品。于是，他

根据西安市场的情况，对海底捞的品牌定位进行了针对性的调整。

首先，虽然西安人比较喜欢面食，但他们对汤锅涮菜并不排斥。西安的涮羊肉同四川的火锅极为相似，可以根据当地人的口味适当调整辣味和麻味，而且北方人更愿意围着炉子聊天，也就更容易接受火锅。张勇坚信自己的产品和服务能赢得顾客的欢心。他也坚信，海底捞独特的就餐体验一定能够迎合顾客的消费特点，让他们爱上海底捞。

其次，海底捞西安一店最初与其他公司合营，由于合作公司制度严格，手续复杂，门店很难给一线员工授权，他们无法灵活地根据实际情况为顾客提供个性化服务，包括送菜、打折、免单等。模式定位不明确，海底捞就不是原来的海底捞。于是，海底捞终止了第一次也是唯一一次门店合营，此后，确定了直营连锁的模式定位，为授权提供了前提，为优化顾客就餐体验奠定了基础。

至于生意不好，可以慢慢来。在张勇看来，在四川创下的海底捞品牌，到任何一个地方复制都会被接受。"虽然火锅味道一般，但只要服务好，顾客吃了就都说好。"来消费的人，谁不希望接受周到细致的服务，服务到这个份上，还怕没有人光顾吗？按照张勇的定位，再加上牢记"顾客是一桌一桌抓的"，杨利娟开始了"用真心服务顾客，用真情感动顾客"的艰难之旅。功夫不负有心人，不到一个月，海底捞西安一店的生意好了起来，第二个月就开始盈利了。慢慢地，在西安，人们也觉得在海底捞用餐是一种享受，请人到海底捞用餐有档次，被人请到海底捞用餐是给自己面子。人们就这样喜欢上了海底捞。后来，杨利娟一口气在西安开了五家门店。

二、品牌定位成功，效果事半功倍

让顾客从"知道"品牌到"喜欢"品牌，再到深深地"爱上"品牌，海底捞的品牌定位功不可没。

首先，海底捞代表着高品质火锅及海底捞公司的整体形象；其次，海底捞致力于打造极具四川火锅特色，融汇巴蜀餐饮文化的优质火锅产品；最后，海底捞以平价为顾客提供独特的就餐体验，让许多工薪阶层和学生能既享受美味食物又享受周到服务，大大提高了品牌知名度和美誉度，在消费者心中树立了良好的品牌形象。

1. 目标定位：服务中高端人群

品牌定位首先要考虑的是目标人群特征，应力求让品牌定位与客流人群需求相吻合。海底捞的目标人群是具有一定社会地位、收入较高、讲求生活品质的人。

在进入不同市场的过程中，海底捞逐步形成了更加偏爱白领、年轻人，特别是中青年女性的目标定位体系。在消费群体中，抓住中青年女性就抓住了关键。因为她们会影响相当一部分男顾客，可能是丈夫、男朋友，可能是男同事。她们还会影响少年儿童，已婚妇女常常要陪子女就餐，海底捞的个性化服务与独特就餐体验对少年儿童的吸引力很强。此外，中青年女性还会影响相当一部分老年顾客，火锅非常适合老年人，过生日、过节日要请老年人用餐的顾客也会把海底捞当作首选。

值得一提的是，海底捞除单位庆祝、家庭生日宴会等聚餐，一般不接待团体（如旅游团），国内外门店都是这样。正是这种明确定位产生的口碑效应，使得大批顾客不断涌向海底捞。而海底捞的营销重点更多放在品牌形象的塑造上，通过与目标人群建立强关联，让品牌与潮流、前卫、高端等感性标签产生联系，提升品牌价值。

2. 卖点定位：独特的服务体验

所谓卖点，就是产品和服务中符合顾客需要而竞争对手不具备的东西。海底捞最具特色的卖点就是：塑造居住空间和工作空间之外充满热情、充满关爱、充满尊重的"第三空间"，给顾客提供几乎能满足其任何合理需求的就餐体验。几乎在顾客开口之前，海底捞就能满足顾客的各种需求。海底捞在塑造品牌定位时就找到了这个神奇的卖点，并不断向目标群体强化营销。

3. 文化定位：以人为本

海底捞一开始的文化定位就是以人为本。以人为本对员工，以人为本对顾客。

"海"就是像大海一样宽阔，无边无际，形容海底捞有无数的菜品供顾客选择，海纳百川地吸纳菜品、吸引员工、吸引南来北往的顾客。

"底"就是员工从基层做起，从底部做起，拒绝空降；对顾客真心实意，脚踏实地。

"捞"对员工意味着靠双手改变命运，公司搭建平台，从基层一线选择人才；对客人则是指自助自涮，随心所欲捞取自己鲜嫩香脆的食物，同时员工也可以根据顾客需求，帮助顾客涮菜、捞菜，让顾客享受到个性化服务，获得独特的海底捞体验。

三、标识更新，门店升级

2017 年 3 月 7 日，海底捞上海大华店正式启用了"Hi ＋气泡"的新标识。从 2017 年开始，海底捞全球所有门店全面进入更新阶段，从形象设计到店内装饰再到员工的每个服务细节统一升级，实现了真正的品牌升级。

海底捞选择"Hi"作为标识的主要部分，是因为要激发品牌内在戏剧情。海底捞的名字里本身就有个"海"字，而且吃火锅就是为了"嗨"。选择"Hi"一方面贴近年轻人的生活，另一方面把海底捞拟人化，让海底捞以一个好朋友的身份出现在所有食客面前。"Hi"由一双筷子和一根辣椒的图案构成，也生动地体现了海底捞是一家四川火锅店。

为什么用气泡？在互联网技术发达的今天，很多人都是通过社交网络与他人建立联系的，而气泡就是人们最熟悉的聊天符号。

名字是认识的开始。有了"Hi"的标识非常抢眼不假，但是它无法代替"海底捞"三个字，因为这告诉了消费者它是谁。所以，在"Hi ＋气泡"的图案边上依然保留了"海底捞"

三个字，并优化了字体，使其更加美观，更具辨识度。

另外，将"Hi"中的字母"i"做成简单形象的辣椒图案，也让标识能够被顾客轻易地描述出来，让人一下就能听明白，把沟通成本降到最低。"我在门口有'Hi'的那家火锅店，'i'是个辣椒的那家。"

"一起 Hi 海底捞"是海底捞随之推出的新广告语。

现在的人什么时候吃火锅？热恋了、失恋了、升职加薪了，或者根本没有什么理由，就是去"Hi"一下，一群人挺好，一个人也不错！这个时候，热气腾腾的火锅，热烈的氛围，兴奋的味蕾，都让你在挥汗如雨中"Hi"起来。海底捞这句来自日常生活场景的广告语，让人一说起"Hi"就想到海底捞，不仅画面感十足，还是海底捞的"海"字的谐音，朗朗上口。

第二节　口碑积累，好火锅自己会说话

传统的口碑通过口口相传得以形成，比如人们会将自己认可的人物、餐厅、书刊、饮品、服装推荐给朋友、同事、家人。

在互联网时代，方便的社交软件也让口碑的影响更加深远。海底捞非常注重口碑打造与积累，张勇深知口碑传播远比打广告的效果好得多，其亲和力、感染力、可信度都是广告无法比拟的，而且口碑传播者与海底捞没有利益关联，所以更让人感觉可信，这就是口碑传播的魅力所在。

海底捞出售的是火锅餐饮和服务，顾客体验决定品牌价

值，所以更加离不开口碑建设。

一、好火锅自己会说话

作为一个直营连锁火锅品牌，海底捞的宣传异常简单独特。充满自信的张勇团队，始终认为真正的好产品无须宣传，与其花大把大把的钞票去打广告，不如把广告费花在消费者身上。

他们认为，企业的理念、机制，以及基于此而开设的火锅餐厅就是很好的广告，就可以给海底捞带来很好的宣传效果。独特的服务、优质的产品以及店面设计等都能对顾客产生吸引力。因此，海底捞将节约的广告费用于升级硬件设施、软件配置，提高菜品质量，授权一线员工给顾客提供超出预期的服务，使顾客"慕名而来，来了就不想走，走了还想来"。

2008 年 2 月 18 日，"来自四川的味道，好火锅自己会说话"这句广告语在四川省版权局登记。张勇孤注一掷，把自己的火锅定义为好火锅，这很容易被误认为是指别人的火锅不好，是在挑战其他火锅，这是需要勇气的。

从另外一个角度理解，说自己好的时候，不一定是在说别人不好，那也至少得充满自信。同时，"来自四川的味道"也将产品范围界定得很清楚。主营川式火锅，又是好火锅，还是"自己会说话"的火锅，那就是独一无二的。这种自信，有点霸气，甚至有点狂妄。因为，那时候是 2008 年，海底捞在全国不过开了 30 来家门店。当然，如果现在来说这个话，那一点也不过分。因为今天的海底捞的品牌影响力在国内外都不可小觑。如今，我们可以把这句广告语理解为张勇的高瞻远瞩、雄才大略、坚定自信，也可以理解为以事实证明，让事实说话。

二、塑造灵魂，让创始人说话

几乎每一个成功的品牌都会有一个灵魂人物。比如，星巴克的霍华德·舒尔茨、微软的比尔·盖茨、京瓷集团的稻盛和夫。这些人物非常重要，以至于我们一想起品牌就会想起他们，一想起他们就会想起品牌。

海底捞 29 年的风雨历程造就了一个灵魂人物，那就是创始人张勇。这既不是个人英雄主义，也不是人为塑造出来的，而是海底捞的发展历史造就的，随海底捞品牌的产生而产生，随海底捞的发展而成熟，经海底捞的检验而被证明。灵魂人物是建立品牌的有力武器之一。现在人们一说到海底捞自然就会想到张勇，而张勇的言谈举止也会让人们想起海底捞，影响到海底捞。

29 年的海底捞品牌创建过程中，张勇作为灵魂人物起到了非常关键的作用。

首先，他在海底捞树立了一种理念，即"人人生而平等"，并以此为基础，确立了企业核心价值观，即"双手改变命运"，打造了公平、公正、公开的工作环境和以人为本的企业文化。

其次，他以锐意进取的精神，不断探索"出师带徒"的人才培养模式，"连住利益，锁住管理"的管理模式，邀请神秘嘉宾的绩效考核模式，留下了许多经典案例。

再次，通过演讲，张勇分享了自己的观点，传递了正能量。比如说给员工授权，相信顾客，不因为一个顾客挂账不结，就把所有顾客都看成逃单的。

最后，以身作则。比如，他要求员工不准赌博，就自己先做到不参与任何形式的赌博活动；要求管理人员自律，他自己先争当道德模范，公开表示"你们就看张大哥是怎么做的，你们就怎么做"；要求管理人员禁烟，他自己先带头戒烟。

2011年2月13日，张勇参与录制了中央电视台财经频道《对话》节目；《财富故事会》《商道》曾两次对海底捞进行专题报道；湖北卫视、北京卫视、上海东方卫视、深圳卫视等电视媒体也多次对海底捞进行报道；美国、英国、日本、韩国、德国、西班牙等多国媒体也对海底捞进行过报道。

特别值得一提的是，非典期间，张勇在一次会议上顺便提了一句话："现在新零售比较流行，我们也可以尝试一下。"杨利娟就按照张勇的要求，很快推出了外卖服务。

在非典期间顾客轻易不敢到餐厅的情况下，海底捞的这一创举，不仅开了火锅外送的先河，也受到官方媒体的高度关注。中央电视台《焦点访谈》就此作了专题报道，这种宣传极大地提升了海底捞的品牌形象和口碑。

三、好火锅，餐厅门店会说话

海底捞认为，脚踏实地做好自己的事情就是最好的广告。

重基层、打基础，建好餐厅门店就是最重要的实体广告。

海底捞餐厅门店选址特别讲究，一定要选在成熟的商业中心，因为这里是海底捞目标人群最集中的地方，出来购物、游玩的人都可以在海底捞就餐集合，即便他们不用餐，逛商场、逛街累了，也可以到海底捞等候区小憩一会儿。海底捞照样欢迎此类顾客，同样会免费送上水果、饮料、小吃等。

海底捞相信这种体验会让他们下次来就餐，并且相信他们会把这种体验分享给他人，为其开发潜在的客人。

海底捞门面设计非常讲究，既朴素大方，又不失典雅，其标识也拥有极强的辨识度，充分体现了直营连锁的品牌特色。

海底捞的餐厅设计也是很好的口碑宣传，既有直营连锁餐厅整齐划一的设计，又吸收了现代元素，在硬件设施氛围营造上尽量满足顾客差异化的需求。最具特色的是等候区，让人一说起海底捞就想到那里的免费美甲、游戏、食品等。再就是五星级的洗手间，温馨的提示、清洁的环境、注重细节的服务、各种常备的日用品，让你感觉海底捞餐厅为顾客着想到了极致。

海底捞员工在服务方面做到了极致，开放后厨、智能厨房、欢乐送机器人等无疑也为海底捞做了很好的宣传，餐厅电视同样是很好的宣传路径。

海底捞还会给顾客介绍无公害食材，让顾客加深了解，加深理解，加深信任。

四、好火锅，优质产品会说话

海底捞有一个特定的宣传载体，就是其优质产品，特别是主要产品和差异化服务，不仅起到了很好的宣传作用，而且没有广告成本。

海底捞推出了百余种菜品可供选择，而且还在不断开发新菜品。一些顾客也将自己对一些菜品的创新吃法分享到社交网络，带火了不少菜品，如鸡蛋虾滑、自制海鲜粥、番茄牛肉饭、抖抖面筋球。

有一个名叫小红红的食客还分享了海底捞的吃法大全：抖抖套餐、芝麻年糕、虾滑藕盒、虾滑蟹棒、自制酸辣粉、金针菇肥牛肉酱酿豆腐等。

海底捞外送的送餐员的配车、货箱、服装等，是街上亮丽的风景线。每一次送餐，就是一幅生动活泼的广告。配置的周全、服务的周到、赠送小礼品的贴心、垃圾分类的注重环保，都给顾客留下了深刻的印象。

海底捞方便食品从各式自热小火锅到牛肉饭，再到其他方便自热式食品，应有尽有，让顾客有充分的选择余地。海底捞大家族的底料、蘸料、食材等，全是海底捞品牌，其标准化与个性化高度统一，质量与生产效率高度统一，外包装的精美与内在品质的不妥协高度统一，深受顾客喜爱，为海底捞发散了积极影响。

为满足顾客个性化需求，海底捞还生产了具有自身特色和设计元素的创新产品，不仅颜值极高，还好用得很，包括自制环保袋、清风袖套、耳饰、嗨锅便利贴、平板电脑保护壳、抱枕等。

提起海底捞的自制环保袋，一个员工说："我第一眼就看上了那个环保布袋，高端大气上档次，低调奢华有内涵。平时上下班背个大包吧，重，放在储物柜还不好放；背个小包吧，外套又装不下；提个纸袋、塑料袋也不环保。你看咱们家伙伴平时上下班是不是就缺这么个包？这个大小能放外套，能装雨伞，还有咱海底捞的独特气质。不管是咱宿舍保洁组的李阿姨，还是咱服务组的大斌哥背出去，那回头率简直不得了，到时候估计客人都得跟着来。"

不难看出，海底捞产品是其不花钱的宣传载体。

五、好火锅，自然有人帮着说话

海底捞一路走来，历经 29 年，开遍了我国数百个城市以及海外一些国家和地区，不仅成了行业典范，也为专家、学者们提供了研究案例。美国哈佛的教授跟踪这个案例十几年，至今还在跟踪。

多年以前，北大黄铁鹰教授的团队在研究过程中，被海底捞的人和事深深感动，写下了具有报告文学特征的《海底捞你学不会》。书中张勇团队及其员工创业的艰辛与后来赢得的成功，让人感动得热泪直流。那句"你学不会"的判定，让很多人好奇，也让很多人不服气。由此，一石激起千层浪，把海底捞推上了舆论的风口。

但是，客观上讲，黄铁鹰的渲染也让海底捞的关注度得到了提高。那时候，海底捞只有30来家店，十几年过去了，海底捞经受住了考验，站稳脚跟，勇立潮头，让当年怀疑海底捞能否坚持下去的人，看见经过十多年风吹雨打，海底捞依旧屹立不倒。

第三节　借力热点，塑造品牌影响力

海底捞一向坦诚面对热点事件，新闻媒介在传播事件的过程中，也能够引起公众对其品牌的关注、理解与支持。这种应对方式的特征是受众面广、关注度高、时效性强，如果把握得好，能在短时间达到最优的传播效果，为海底捞赢得消费者的口碑，这也是海底捞最常用的公众传播与品牌推广手段。

一、化危为机，重建信任

海底捞偶尔也会因食品安全问题让张勇操心，不过与人为善的张勇，坚持诚信为本、诚恳待人、诚实处事，每逢大事不糊涂，每逢危机不乱方寸，沉着应对，妥善处置，当然也就化危为机了。

比较有影响的是"老鼠事件"，2017年8月25日，《法制晚报》曝出海底捞北京劲松店、太阳宫店后厨存在老鼠乱窜、打扫卫生的簸箕和餐具同池混洗、用顾客使用的火锅漏勺掏下水道等卫生安全隐患问题，引发舆论一片哗然。问题曝光后，海底捞及时回应，迎来了民意的飞快反转，其危机公关再次引发舆论的广泛关注。

相关舆情量在8月25日达到顶峰。10时23分，新闻发布。14时，海底捞官方微博就"老鼠事件"发致歉信，承认问题并决定整改。随后，海底捞官方微博又发布处理通报，称将对涉事门店进行停业整顿并全面彻查处理。

8月27日，海底捞官方微博再次发出声明称，将积极落实整改措施，在全部门店实现后厨操作可视化，主动接受社会监督。

从传播趋势分析，相关舆情量在8月25日达到顶峰，8月29日降至最低，经过了新闻曝光、网民热议、官方回复、媒体跟踪报道、网民持续关注的过程。

事件发生以后，部分专家进行了点评，专家评论的集中点是，对食品安全问题不能有半点含糊，同时承认海底捞高度诚恳，强调要看整改行动落实的效果。

海底捞在第一时间进行有责任感、有态度的回应，其高超的危机公关能力让部分关注者态度发生了转变。有网民表示"海底捞有担当，公关满分，良心企业必须原谅"，还有人抛出"你自己家厨房也不见得比海底捞干净"的言论，但更多人表示要"听其言，观其行，察其效"。

一些媒体对海底捞的整改情况进行了探访，并在北京阳光餐饮 App 中发现，2017 年北京海底捞门店中有 24 家实现了"明厨亮灶"，在该 App 中可查看各门店后厨的实时监控。

在随后的日子里，海底捞真正践行承诺，真刀真枪进行了全面整改，不仅挽回了海底捞自身的声誉，重建了消费者信任，积累了新的口碑，还促进了整个餐饮行业的健康发展。

二、热议话题，增加势能

"海底捞店长月薪"成为热搜话题就是一个典型。

2019 年 9 月 19 日，一家券商的电话会议纪要中披露了以下信息，引发人们热议。新浪财经微博于 22 日发文报道此事，让"海底捞店长月薪"成为热搜话题。

"海底捞店长的固定月薪为 35 000 元左右，另外还能通过培养徒弟店长来提成，店长可以提成徒弟店和徒孙店的净利润，算上提成部分，海底捞店长月薪能达到 10 万至 20 万元。但不是每个月都能拿到这么多，店长如果不能被评为 A 级，也就不能享受徒弟店和徒孙店的提成。需要注意的是，老店长月薪起码有 8 万元，如果徒弟店够多的话，基本在 10 万元以上；新店长月薪以固薪和本店提成为主，每月在 4 万元左右。"

随后，网友们在相关微博的评论区发出了多种声音。

"只是看他们干活，我都觉得累。"

"一年能够从服务员晋升为店长，那能力得有多强？吃过海底捞的都知道，海底捞服务有点夸张。我自己平时在家这边吃海底捞，吃了一年，店员还是以前的店员，店员都很努力，但没看见哪个升店长了。"

"你不知道他们现在的后备店长都是什么级别的名校的，他们本身就值这个价。"

"一个发展中的企业开始画饼，多半是要走下坡路了。"

"从服务员到店长用一年。这个扩张速度感觉有点危险的味道。"

"这种薪资架构，可想而知火锅的利润有多高。"

"海底捞能做到上市，说明它是一个成功的企业，它的管理模式、薪资模式等都是值得学习和借鉴的。但现实是很多企业只学习其服务精神，而不去学习其管理模式。这样的学习只是表面的，这些企业是不会像海底捞一样成功的。"

"海底捞厉害，把员工利益和企业利益牢牢地绑在一起，激励作用太明显了，员工给企业干就是给自己干。"

"只能这么说，各位店长的付出与回报成正比。大家都是兢兢业业从基层做起的，最少花三年，花八九年才做到店长的都有。他们每天要重复高强度工作，经受多方面的压力，稍有疏忽就要被撤职，风光背后必有大家看不到的辛苦。从服务员或者传菜员开始练习，一般人可能连两年都坚持不了。"

面对这样的热点话题，海底捞不回避、不忌讳，不仅不反对员工在网上参与讨论，还将网上的讨论分流到公司的自媒体账号上讨论交流。因为无论是外部讨论还是内部交流，都不影响真相，反而能澄清一些事实，给员工们传递一些正能量。同时，上百万搜索量的热搜话题，无疑极大地提高了海底捞的品牌影响力，这正是无心插柳柳成荫。

第四节　关注公益，加持美好

公益事业是品牌宣传不可或缺的载体和力量，如果品牌宣传能够同公益事业结合在一起，就会提高社会对品牌的认可度并提升品牌形象。张勇一直致力于建设一个有社会责任感的企业，因此特别关注社会公益事业，海底捞在餐厅所在的社区乃至整个社会，都建立起了比较良好的公益形象。

2021年，海底捞推出果味酸辣沙棘火锅，并承诺顾客每消费一整锅1200克沙棘火锅，海底捞就将向中国扶贫基金会捐赠一棵沙棘树，助力西北荒漠化治理工作。

2022年四川甘孜泸定县6.8级地震牵动人心。海底捞高度关注灾情，启动救助应急预案，协同颐海国际紧急从各地仓库调拨自热食品。

一、防控疫情，全力投入新冠防治

在2002年的非典防治过程中，海底捞因为积极有效的表现，尤其是创新开展送餐上门服务，获得了社会一致好评，还被中央电视台《焦点访谈》报道。

在近年的新冠疫情防控过程中，海底捞更是积极响应党中央号召，全力以赴投入抗击疫情工作。

首先，第一时间成立组织机构。2020年1月23日海底捞防控疫情总指挥部成立并启动紧急响应机制。包括组织架构搭建、物资供应分配、资金调度、门店员工疫情处置（如有人出现发烧等症状则依次由后备人员接替）等方面的具体措施。

其次，明确重点工作。1月27日，海底捞防控疫情总指挥部分层次明确了针对受疫情影响的近十万名员工的五个方面工作，包括根据疫情演变形势，制定核心指导原则；建立心理辅导团队；回国人员自我隔离；人员分组安排；保障社会需求，全力以赴加大力度生产自热火锅、自热米饭。

再次，搭建防疫专家团队。海底捞决定按照城市快速搭建专家顾问团队，对不同城市门店的防疫工作进行指导，在官网发布《求贤能：海底捞防疫专家顾问团招聘启事》。随即，以国内城市为单位的海底捞防控疫情专家团队组建到位。

最后，向社会公告防控情报。海底捞以总指挥部公报的形式，向社会公开发布有关信息，以此向官方报告工作，向社会通报情况，与同行交流做法。海底捞还汇总了世卫组织、国家卫健委以及相关医疗机构发布的预防指南，也整理了感冒、流感、新冠病毒感染的区分方式，分发到全公司、同行企业、社会各方参考，充分体现了一个大型服务企业对员工、对顾客、对社会的责任与担当。

二、爱心奉献，大量捐赠物资

2020 年 2 月 9 日，海底捞通过人民日报社《健康时报》得知武汉金银潭医院和武汉大学人民医院的医护人员经常吃不到热菜热饭后，于 2 月 11 日为多家医院先后捐赠四万盒自煮火锅。自 2 月 12 日起，海底捞通过湖北省慈善总会，每天给湖北抗疫一线的医护人员捐赠两万盒自煮火锅，直到湖北全省疫情平稳。

与此同时，海底捞在捐赠款物 500 万元后，还通过武汉慈善总会继续捐赠新鲜蔬菜共计 16.262 吨。

此外，海底捞还专门为革命老区洪湖定向捐赠自煮火锅两万盒。海底捞共有 130 多名洪湖籍员工，他们情系家乡，情系医护人员。此次捐赠不仅代表海底捞，也代表了在海底捞工作的洪湖籍员工的心意。

《人民日报》《健康时报》及相关媒体对此进行的报道引起了员工们的热情关注。一位不愿意透露姓名的员工感言："此刻感激无以言表，作为一名湖北人，向公司致敬，唯有努力工作才能报答公司对家乡湖北的关注、关爱与支持。"

三、情系桑梓，巨资助力简阳公益

2020 年 1 月 21 日，张勇以个人名义向简阳捐赠人民币一亿元支持家乡建设。他表示，海底捞的发展壮大，离不开政府的关心和帮助，也离不开家乡人民的支持与厚爱，此次向简阳市捐赠，就是希望尽绵薄之力，助力家乡建设，回馈家乡人民。

在之前成都市民营经济健康发展大会上，海底捞就曾表示，希望乘着成都"东进"的东风，未来能将公司总部建立在家乡简阳这片沃土上。

作为家乡在外的成功人士，张勇时刻惦记着家乡的山山水水，人事景物，更关注着家乡建设与发展。海底捞先后做了三件事情，对家乡影响深远，给家乡人民留下了深刻记忆。

第一件事：增加教育投入，回馈家乡。早在 2011 年，海底捞就与简阳中学联办了简阳通材实验学校。它最初是以招收海底捞员工子女为主的寄宿制学校，后来由于政策调整，简阳中学退股，由海底捞独资在购买原四川省卫专学校校址的基础上，建成集小学、初中全年级的实验学校。

第二件事：建设商业广场，改变家乡。海底捞 2019 年在简阳出资六亿元人民币独资建设了旭海时代广场。这个商业广场落成后，不仅成了简阳的县城地标，为家乡人民提供了一个休闲、购物的好去处，更实现了简阳的市民消费升级。

第三件事：建立炳文书馆，影响家乡。张勇及其员工深深懂得文化的重要性。2013 年，海底捞在旭海时代广场开辟了能容纳 200 人阅读的炳文书馆，其功能就像张勇 14 岁时去的简阳县图书馆。这里常备各类纸质图书及电子版资料，还不时开展各种形式的学习分享活动。

四、关爱老人小孩，支持福利事业

海底捞提倡孝道文化，把关爱老人、孝敬长辈作为对员工的基本要求和底线之一。张勇对此堪称表率。他不仅对自己的父母长辈遵守孝道，对公司、员工的要求也非常具体。员工有出息了要给师傅发钱，公司要给员工父母发钱。张勇还要求公司把这份关爱传递给社会，让更多的人受到关爱。

2010年，张勇随新希望集团总裁刘永好到四川资阳考察，参观了资阳市民政福利院。在了解到福利院老人及小孩的生活状况后，他当即表态向资阳市民政福利院捐赠人民币200万元，用以维护院内医疗设施设备，此举让福利院人员深受感动。

受张勇的影响，海底捞集团各单位各门店都把关爱老人作为常态。2019年9月11日，海鸿达（北京）党支部以"情暖老人"为主题，组织支部青年党员到东篱敬老院开展党员义工活动，为老人送去温暖与关爱。

该支部梁优表示，每年中秋节、春节、重阳节，支部最先想到的就是敬老院老人们的健康和生活状况，给他们送去温暖，让他们知道社会上有很多爱心人士、爱心企业在关心他们，让老人们老有所养、老有所乐、老有所依，感受到社会大家庭的温暖。

第五节　口碑赋能，食客也是"自来水"

2017年8月29日，"众财富"发表了一篇文章："上周一家庭聚餐刚吃了顿海底捞，没过多久海底捞就被曝出后厨卫生有重大问题。虽然老鼠爬进食品柜，火锅漏勺掏下水道两件事怎么想怎么恶心，可到了周末，朋友聚会意见不合，最后仍然选择了海底捞。负面新闻并没有让海底捞门口排队的人有所减少，店门口还是有乌压压的一群人。"

文章分析了原因，正是海底捞一波又一波的周到服务，在网络上培养了一群"自来水"。所以海底捞出事后，好几天过去了，微博舆论还是五五开，海底捞生意还是非常好，换成别的店早"360 度起飞爆炸"了。

文章因此提出问题，用户口碑究竟能起什么作用？卫生问题是餐饮最致命的红线，海底捞出了卫生问题后，结果如何呢？顺风顺水时，用户口碑显不出作用，但逆风逆水时，用户口碑能救命！

任何一个如此大型的餐饮企业，食品卫生出现问题，都等于是灭顶之灾，但是海底捞不会。正视问题，承认监管不力，诚恳改正，海底捞就还是你心中那个全力付出的海底捞。

仔细品味文章，不能不给我们留下启示：口碑赋能，就是让顾客对企业及其品牌产生极大的信任。

信任一：让顾客相信企业的实力。实力指内在的力量，分硬实力和软实力。海底捞的硬实力包括人、财、物三个方面。人的方面，包括企业的治理模式，团队的成员素质、结构、建设等。财的方面，包括资金保障、资本运作能力、盈利模式等。物的方面，包括财产积累程度、抗御风险能力等。软实力包括企业的文化价值和员工亲和力等释放出来的感召力。

信任二：让顾客相信企业的底气。底气泛指气力或劲头。

底气来自互信和自信，只要心中有底，不论你表现得多么谦卑、多么客气，别人都能感受到你的自信。这种底气，实际上基于实力，基于对自身情况的掌握，对出现问题的调查判断，对解决方案的制定与执行，对处理结果的预期和引导。

信任三：让顾客相信企业的勇气。勇气是一种胆识，勇气是一种美德，勇气是胆量，是智慧，是自信。海底捞集团及张勇因为有十足的底气，也就有足够的勇气，敢于面对问题，承认错误，不回避，不遮掩，不推诿。

承认问题需要勇气，面对质疑需要勇气，但是大胆承认问题就成功了一半，能够坦诚地面对来自各方的质疑甚至指责，就成功了一大半。正是这种勇气让海底捞敢于在公开致歉信中承认问题，并举一反三，全面整改，敢于让公众继续监督。

信任四：让顾客相信企业的能力。能力是完成一项目标或者任务所体现出来的综合素质。海底捞口碑赋能最好的体现是，顾客对企业及其代表人物的高度信任，信任其实力，信任其底气，信任其勇气，以及上述因素综合体现的能力。

顾客相信其有能力解决包括食品安全在内的所有问题。正是因为如此，海底捞于当日公布了整改措施。正是这些措施，让海底捞在问题面前获得了大众原谅，进一步赢得了口碑。

▼

第七章

将海底捞端向全球

海底捞开遍全球以后，有网友评价海底捞是"中国的海底捞，世界的海底捞"。

当有人问起张勇有关海底捞全球化的问题时，他说："海底捞能够在纽约、东京、伦敦开店，不是因为海底捞的管理有多么好，而是因为中国的世界影响力不断增强。"

第一节　未雨绸缪，海底捞全球化布局逻辑

一、海外市场如此重要

进入 2000 年以后，海底捞国内发展势头良好。海底捞的品牌认知度、社会认可度以及张勇的知名度都达到了高峰。在这种情况下，张勇按理该把注意力放在加速开店上，让品牌价值等无形资产及时变现，但志存高远的张勇却在精心设计他的全球扩张战略。其中，自然有他深层次的逻辑思考。

1. 基于对国内市场的清醒认识

中国人口众多，市场巨大，但餐饮市场竞争也十分激烈。据沙利文报告，中国火锅餐厅数目由 2013 年的约 406 000 家增加至 2017 年的约 601 000 家。火锅餐饮相比其他类型的中式餐饮拥有较大的增长潜力，预期中国火锅餐厅数量将在 2022 年增加至约 896 000 家。然而，餐饮企业开得快，垮得也快。

《中国餐饮报告 2018》显示，餐饮企业 2017 年相较 2016 年新增 311 万家，但也有 285 万家餐饮企业在这一年倒闭，已倒闭餐厅的平均寿命为 508 天。

2. 基于对自身走势的正确预判

海底捞在业绩、管理、行业资质认证及供应链建设等方面都取得了显著成绩，尤其新技术的运用使餐厅管理、顾客维护、工业生产、物资配送的效率和效益都大大得到了提升。

正是在这种背景下，张勇居安思危，谋划着开辟"第二战

场"。施永宏坦言："那时候我们的发展势头是好，但在国内发展总会有天花板的。"正因为如此，2012 年海底捞进军新加坡。

到了 2017 年，海底捞已经开始高速发展。正是在这样的背景下，2019 年上半年，张勇组织决策委员会进一步完善海底捞海外战略，在组织架构、餐厅管理、供应链建设、激励机制等方面全面发力，加快本土化进程，重塑竞争优势，促进全球化战略实施。

3. 基于对海外市场的考察与分析

他石之山，可以攻玉。勤于学习、善于思考的张勇，随着事业的发展，越来越注重研究海外市场。早在 2004 年，张勇就把目光投向海外，那时候海底捞只有不到十家门店。后来，他和杨利娟、施永宏、苟轶群等多次出国考察，研究全球市场，寻找商机，谋划战略。

张勇说："在海底捞上市之前，世界最大的中餐企业在美国，你说可怕不可怕？我们 14 亿人吃中餐，而美国 3 亿人口，大部分人都不吃中餐，结果人家整了一个最大的中餐，真是奇怪的事情。"这一方面让张勇感觉中餐在全球很有市场；另一方面，也让他对同行业的世界级龙头产生了浓厚兴趣。张勇团队带着满心好奇与不服气，筹备进军海外市场。

张勇所说的餐厅是美国最大的中餐厅——熊猫快餐（Panda Express）。它实际上相当于国内的中餐大排档，大餐台上摆着无数托盘，每一个托盘里堆满一种煮熟的菜品或主食。客人来了，点哪样取哪样，然后付款、用餐，吃完把餐具放在指定的位置走人。

经考察，张勇团队发现熊猫快餐的发展与海底捞有惊人的相似之处，只是起步稍有不同。刚开业时，熊猫快餐没办法吸引美国本土顾客，生意惨淡，后经过菜品改良，服务方式改进，服务理念更新，服务文化提升，情况才开始转变。这种改进体现出了鲜明特点：菜品本土化、经营差异化、管理标准化。

对张勇团队影响较大的另一家中餐厅是鼎泰丰。鼎泰丰（Din Tai Fung）是享誉世界的台湾包子店，1972 年成立于中国台湾，创始人杨秉彝 1927 年出生于中国山西省。

经过考察鼎泰丰，海底捞人深有感触。施永宏说："以前听别人说中餐在外国不行，说是低端、便宜、质量又不好。但是，我们出国看了之后发现根本不是传说中的那样。台湾包子（指鼎泰丰）上午 10 点钟开门，很多人 9 点钟就去排队，队伍排得很长。我们去第一家店发现吃包子的一半是本地人，一半是亚洲和其他地方的人；第二家几乎全是本地人，只有包包子的好像是中国人，在你看得见的玻璃房间现包现卖。看了鼎泰丰之后我们发现，中餐在海外行得通，而且地位越来越高。我们认为海外市场那么大，餐饮只要标准化、连锁化就能走出去。国内市场是固定的，不把海外市场打开，我们总有一天会触及天花板，还不如早点去开拓海外市场。"

据沙利文报告，全球中式餐饮服务市场高度分散，原因是全球有众多中式餐饮企业及品牌。因此，以 2017 年年收入计，中式餐饮五大经营者仅占全球市场份额的 0.6%。品牌众多与市场分散，既是海底捞全球化的挑战，也是机遇。

4.基于对国内竞争相持局面的迂回破解

海底捞从 2010 年起就在国内声名鹊起，市场份额也处于优势，尤其是上市以后，海底捞从几乎平均每三天就新开一家店，发展到每天新开一家店。但国内中式餐饮，尤其是火锅，花色品种太多，人们的偏好也不尽相同。就像张勇自己说的一样，每个人都不可能只认准一家餐厅吃，谁也不可能只吃火锅，吃火锅也不可能只吃海底捞。在这种背景下，强调把发展重点放在海外，是一种对国内竞争相持局面的迂回破解。每每快人一步，常常胜人一筹。

5.基于用双手改变命运的雄心

张勇的使命是搭建平台，让更多的人能够通过海底捞这个平台创造属于自己的美好未来，让更多的农村人能从农村走向城市、从城市走向国际，去追求自己的美好生活，去影响更多人。使命驱使的同时，也有张勇想把火锅开遍全球的执着追求。

二、海底捞的全球化有何不同

当时海底捞北美事务总协调负责人说："不少中餐厅在美国没有成功。一家烤鸭店在纽约投资近 1000 万美元，不到一年就倒闭了。有个餐馆在洛杉矶开了四五家店，经营也非常艰难。还有一家火锅餐厅，比我们去得早，搞加盟经营，结果也早就转股走人了。"

当问起海底捞有什么不同时，这位负责人说："我们同其他中餐厅的不同在于，其他餐厅的管理团队和员工没有本土化，没有按照当地顾客的需求，对口味、服务做相应调整。"

海底捞全球化同其他中式餐饮全球化的不同之处，首先表现在走出去的时间不同，背景也就不一样。

其次，愿景和模式不同。海底捞力求做事业、做平台，力求长远，立足全局。在经营模式上，海底捞坚持直营连锁，而其他品牌在美国则实行的是加盟经营。

再次，进入路径不同。海底捞是自主进入日本的，添好运等餐厅则是被带入日本的。

最后，路线设计不同。张勇为海底捞设计的全球化发展路线，按民族文化设计为：尊崇儒家文化国家—尊崇基督教文化国家—尊崇伊斯兰文化国家……先去亚洲，再去欧美。在亚洲先选东南亚，在东南亚首选新加坡。

最初，张勇想在开门店的同时开加工厂："人家说我们这里供应非常丰富，要什么有什么，你建什么厂啊？！"后来，海底捞就坚持"开店—本地采购—外地（外国）采购—委托代加工厂"的流程，从实际出发、实事求是地制定和选择发展路线是海底捞全球化的最大不同。

三、中式火锅全球化面临三大难题

在海外开火锅店，一切都是陌生的。从零开始，难度更大，问题更多。

1. 怎样站稳脚跟

到一个陌生的国度去开店，要经过申请许可、租房装修、组建团队、招聘培训、采购配菜、开张营业等具体而又复杂的流程，不免遭遇一些难题。比如，海底捞最初在海外开店时，尤其是在美国，因为当地人基本都不知道海底捞，所以海底捞没有议价能力，房租、装修都很贵。

海外推销成本太高，把产品价格提高一点，顾客又说太贵。海底捞在好几个国家都遇到了类似情况。

所以要想站稳脚跟，开店之初的诸多事情一定得做得细致周到。当然，关键还是要赚钱，否则海外门店也难以长久经营下去。

2. 面临生态重构

一个企业在一个国家生存，哪怕只有一家店，也必须建立一种生态，这种生态不能把国内生态系统平移过去，而需要重构。这种生态系统，包括文化生态、经济生态、社会生态、商业生态、产业生态。

文化生态主要指适合企业生存的文化氛围，或者说企业餐饮文化在这里的消费群体中的接受程度；经济生态包括企业生存的经济基础条件，消费者能够承受的价格水平、消费定位；社会生态包括企业与社会各方面的关系，尤其是与政府监管部门的关系、社会各方面对企业的认知与认可度；商业生态，包括与相关行业的关系、同行业之间的关系，当然也包括企业内各部门之间的关系、员工与老板的关系、员工与顾客的关系等；

产业生态，主要指以门店经营为主体的前端后端的产业链延伸而形成的产业布局。

3. 能否本土化

中式餐饮海外拓展的成功关键是实现本土化，尤其是在西半球和南半球的国家开店。张勇说："那天我到日本去，所有的员工都是一口中国话。因为从服务员到店长，基本上都是东北人，都在日本干了五六年了。我问他们能不能讲日本话，他们说会一点点日常用语。我们在越南店也讲中国话、简阳话。现在无论是在纽约店、洛杉矶店、硅谷店、旧金山店，还是在东京店，全部都有人在讲简阳话。我们不能用当地的员工为当地的顾客服务，其实是没有实现本土化的。这种挑战对我们来讲是巨大的。不过无论宗教信仰、文化教育有什么不同，我都相信，所有海底捞的员工、所有海底捞的顾客对美好生活的向往是一样的！"

张勇的这段话，首先体现出了一种文化自信。餐饮是一种文化，川式火锅是一种文化。海底捞通过开火锅店把中国话、简阳话说到全球，实际上是将中国的文化通过餐饮传遍全球。因为海底捞来自中国，发源于简阳。因此，他很自豪。其次，他也感到焦虑。海底捞虽然在全球开了不少店，但离实现本土化、全球化还差得很远。最后，他对海底捞全球化充满信心。张勇认为不管宗教信仰如何、文化教育如何，所有员工和顾客对美好生活的向往都一样。有了这一点就有了海底捞全球化的基础。

要实现真正的本土化，必须从各国的国情出发，从当地的法律制度、政策规章、宗教信仰、风土人情、语言文字、交流方法等方面着力，从员工、顾客、产品、食材供应链等方面具体实施。

海底捞的本土化进程也在加快，美国海底捞的牛肉是本地采购的，海底捞在泰国、马来西亚、美国、加拿大、英国等地使用的火锅底料也由代加工厂来实现本土化生产。

与此同时，海底捞也在积极谋划供应链的本土化建设。总部把全球分为 15 个大区，其中国内 13 个大区，海外两个大区。今后，海底捞会在符合条件的国家和地区成立专门的公司进行采购、加工、供应，把原先采购、加工、供应的职能从门店中剥离出来，统一管理，提高标准化程度和效率，降低成本，提升效益。

四、全球化战略的新加坡实践

同当年懵懂的全国化启航——西安之行不同，海底捞全球化是做好了万全准备后才开始的。海底捞全球化战略的第一站选择了新加坡，这既是一次探路之旅，又是一次破冰之旅，对整个出海战略至关重要。

施永宏说："当地人对火锅的接受是逐步的，基本是客人带客人。首选新加坡的理由一是新加坡发达；二是环境优美，整个国家像一个大花园；三是政治环境好；四是华人多，当地人饮食习惯与国人相近，这是最关键的。"

海底捞全球化之所以首选新加坡市场就一举成功，是因为张勇根据新加坡市场环境制定了有针对性的战略。我们利用

PEST 模型对新加坡宏观的市场环境进行分析,可以深入了解海底捞在新加坡市场的战略实践情况。

1. 政治

新加坡是共和制国家,对内,政府的富民政策使政府与民众的关系较为融洽,社会稳定,犯罪率低,治安好;对外,新加坡奉行和平、中立和不结盟的外交政策,主张在独立自主、平等互动和互不干涉内政的基础上,同所有国家发展友好合作关系,已与世界上多个国家建立外交和贸易关系,还与世界上多个国家和地区往来护照免签。

海底捞正是看中新加坡稳定开明的政治、法律环境,中立和平的外交政策,才把全球化的第一站定在新加坡,并在新加坡建立了海底捞海外总部。

新加坡是发达国家中投资环境最安全的国家之一,税收体系简单,税率较低,还可实现国际合法避税(适合操作离岸业务)。新加坡没有外汇及资金流动管制,发行新股、出售旧股所募集资金可自由流入或流出新加坡,是世界上 50 个自由兑换货币国家之一。

在新加坡注册公司程序简单,海底捞十分看好新加坡的投资环境、税收政策和外汇管制措施,一次性注册数家公司,得到了当地政府的大力支持。同时此举创造了数千个就业岗位,也让海底捞获得了当地居民的信任和认可。

2. 经济

新加坡是全球国际化程度最高的国家之一，更是亚洲重要的金融、服务和航运中心，自1965年独立以后，到20世纪末已成为亚洲四小龙之一。同时，新加坡也是世界上极为重要的财富管理中心，许多知名金融机构都设在这里。中国是新加坡第一大贸易伙伴，同时，也是其第一大出口市场和第一大进口来源地。

新加坡是一座花园城市，美丽整洁的环境吸引了不少国际游客。新加坡到访游客数和游玩时间持续增长，中国游客数量位居前列，而大量游客到访为新加坡旅游业带来了巨大的收入增长。游客数量激增，酒店和餐饮需求量也随之猛增。另外，由于新加坡自由港的地位和发达的交通通信设施，到新加坡购物成为一种时尚，新加坡大量的免税商店可以满足游客的购物愿望。各种国际会议在新加坡召开，也为新加坡带来了流动人口。这些都给餐饮业的发展带来契机。海底捞正是抓住了新加坡第三产业迅猛发展的机遇入驻新加坡，为全球化征程迈出坚实的一步。

海底捞新加坡门店的底料代加工厂选在马来西亚，因为二者间往来相当于国内省际距离，且马来西亚劳动力成本很低。新加坡与中国地缘相近，人缘相亲，其蔬菜等很多物资都是从马来西亚和中国进口的，这也是重要的原因之一。

3. 社会

新加坡75%的人口是华人，长期受中华传统文化影响，英语、汉语通行，日均流动人口众多。这是海底捞海外开店的最佳社会环境，也是海底捞海外开店实现本土化的有利因素。

新加坡南国风味与东方料理并存，传统餐饮和现代美食互相影响，形成了缤纷多元的本地饮食文化。海底捞进入新加坡，不仅增加了当地人的用餐选择，还让大批的华人特别是中国游客，在新加坡找到了家乡的味道。

海底捞不仅为当地人提供了全新的就餐体验，还在小贩中心与高档酒店之间提供居中的选择，使当地人能以中档价格享受到舒适的环境、优质的服务和美味佳肴。

4. 技术

海底捞在新加坡餐厅管理信息化、智能化，个性化服务，打通线上线下、改变新零售场景和渠道等方面起到了示范推广作用；在供应链管控，餐饮云服务、云游戏，利用大数据分析作出明智决策、改善营销、提高效率等方面，都起到了先锋作用。可以说海底捞在新加坡是新技术运用和创新的先行者，更是践行者。

综上所述，张勇把海底捞全球化的破冰之旅选在新加坡是明智之举。迄今为止，新加坡是海底捞海外开店最多的国家，是按人口计算开店比例最大的国家，也是最赚钱的国家。

五、海底捞的全球化进程

"在中式火锅成为韩国餐饮市场'爆款'的背后，海底捞的全球化起到了直接的推动作用。可以说，海底捞虽然不是第一个将中式火锅带到韩国的餐饮企业，但绝对是最重要的一个。"

——韩国高丽大学政经学院教授　李国宪

至 2022 年 4 月，海底捞在境外共设立餐厅 117 家，其中，港澳台地区有 21 家。2017 年多家中式餐饮集团到海外拓展，海底捞是其中最大的一家。

海底捞先后在海外多个国家、地区拓展市场，不同地域的市场环境不同，海底捞在当地的发展情况和遇到的问题也不尽相同。

1. 东南亚市场

海底捞在新加坡、越南、泰国、马来西亚、印度尼西亚、菲律宾等国家都开有门店。

2012 年，海底捞进入新加坡，到 2022 年 4 月，已在新加坡开设 18 家门店，分属于 3 个家族。

2012 年 12 月 13 日，新加坡一店即克拉码头店开业。新加坡各店人均消费在 50 新加坡元左右，约合人民币 240 元。多名网友评价其服务好，跟国内门店没差别，只是经常要排队一两个小时，最久时要等两三个小时。

至 2022 年 4 月，海底捞在马来西亚共开设 11 家餐厅，在越南开设 14 家，印尼 8 家，泰国 7 家。

2. 欧洲市场

海底捞 2017 年在英国注册公司，进入欧洲市场。2019 年，英国伦敦首家门店开业。至 2022 年 4 月，海底捞在英国已开设 3 家餐厅。

英国伦敦首店位于皮卡迪利圆环临街铺位。这是伦敦的核心商业地带，毗邻中国城、特拉法加广场。门店共 988 平方米，分地面和地下两层。其中 145 平方米的地面层单纯用于零售，有橱窗、内部展示柜、储备间。零售产品包括烹饪用具、茶具、食品、服装和拥有海底捞标识的玩具和配饰。地下用餐区容纳了 280 个餐位，有两个包厢。

英国媒体曾做过调查，英国人对中餐的认知发生了很大变化。不错的市场基础和口味偏向，以及中餐厅环境的整体升级，让不少业内人士表示比较看好海底捞在英国市场的发展。而且英国消费市场外卖风靡，海底捞外送火锅也会很有吸引力。

3. 北美市场

2018 年 12 月，海底捞在加拿大的首家门店于温哥华开业。至 2022 年 4 月，海底捞在加拿大共开设 4 家门店。

2013 年 9 月 3 日，海底捞门店在美国洛杉矶落成开业。截至 2022 年 4 月，海底捞已经在美国登记注册共 20 家餐厅，其中正式开业 12 家。美国一店至 5 店五家餐厅 2019 年营业收入达到 3000 万美元，单店收入最高的每月营收 70 万到 80 万美元，合人民币 400 万到 500 万元。

原海底捞北美市场负责人说："海底捞在美国开店，现在是越来越顺利了，最艰难的阶段是刚开始的时候。"

他讲述了中美在以下几个方面的差异带来的问题。

第一是文化差异。"比如说在国内对顾客要非常热情，而美国人更注重隐私。我们的服务强调顾客至上，但在美国崇尚平等，在那里没有明确区分谁服务谁。你在西方餐厅叫'服务员'，人家会认为你对他非常不礼貌。那边更像是服务员在管理客人，服务得好小费就多，服务得不好小费就少，这同国内的情况截然不同。"

第二是法律法规差异。"刚开始运营的时候，我们就面临法律、制度等方面的各种问题。美国法律规定员工每上班 3 小时就必须休息 10 分钟，每上班 6 小时就必须休息 30 分钟，否则公司会面临诉讼。因此，刚开始时我们排班就很难，后来慢慢地才错开排班。"

第三是政府管理差异。"在美国，相关部门到店里检查卫生，会根据实际情况现场评级并在店里张贴公示。如果店铺卫生评级为 C 的话，顾客就会很少到店里消费。另外，很多检查项目因为标准很高，所以一次评定就能生效几十年。比如下水管一般要求使用寿命为 50 年、100 年的材料，使用寿命在 50 年以下的材料则是违法行为，必定受到追究，所以装修成本就很高。在美国，你基本上看不见新餐厅，都是老餐厅，而且装修非常结实耐用，就是这个原因，我们装修门店一次最多花了 500 万美元。"

第四是用餐习惯差异。"比如说口味，美国人基本不吃麻，甚至有人曾因为吃麻味食品过敏被送进医院治疗。花生米、鸡精等都有可能让他们过敏，需要在菜单上注明哪些食物可能是过敏原。

"在食材方面，他们反感吃毛肚、黄喉、脑花、鸡爪及带骨的食品，当然牛排除外。

"在就餐理念和价格方面，美国人用餐较多实行预算制，倾向中等价位，即每人每餐20到30美元。我们刚去美国时定价为每人每餐50美元，后来又及时做了调整。美国人喜欢吃价格实惠的套餐，对食材的品质档次不太在意，对高档食材不像国人那么敏感，他们更注重环境，更注重服务、卫生和舒适度。美国人吃饭以聊天交友为主，所以他们觉得员工与他们保持一定距离最好，需要时能看见你，有示意你要立刻反应。

"在锅底使用上，考虑他们习惯分餐制，顾客又以本土美国人和印度人为主，所以在第一家餐厅，我们就使用每人每位的小锅。结果，他们看到有中国人用大锅涮菜很热闹，也表示想用大锅。门店试验安排一半大锅、一半小锅后，反而大锅更受欢迎。这就印证了张大哥说的'餐饮是一种文化，美国人对川式火锅这种文化有浓厚的好奇心，他们会接受这种文化的'。

"美国人不会使用筷子，我们给他们准备夹子，让他们用夹子夹着菜品在锅里涮，然后放在盘子里面，再用刀叉吃，他们感觉很好。"

第五是门店管理差异。"在美国，我们依然坚持公平公正，与人为善这类价值观，只是在一些管理细节上存在差异。比如，如何让我们的流程制度与小费、钟点工等制度相适应，这就是我们为实现本土化要经常琢磨的。我们的用工制度发生了很大变化，80% 到 90% 的员工是钟点工，他们每人每星期到店里工作 20 到 30 个小时。

"我们在美国已开业的门店中，本地客户占 80% 以上，其中亚洲客户占 40% 左右，非亚洲客户同样占 40% 左右，剩下部分是新移民。管理上面临的最大问题是，美国客户与国内客户差别很大。我们必须花很大的精力，从实际出发，深入了解他们的文化和习惯，熟悉他们对饮食的爱好与禁忌，才能够提供有针对性的服务。

"我们的员工基本实现本土化了，华人员工比例约占 50%。根据门店选址的不同，华人员工比例有所不同，开在华人聚居区的门店，华人员工可能偏多一点。不同工种间华人比例也会有所不同。"

4. 东亚市场

海底捞在东亚的日本和韩国均开设了多家门店。

2014 年，海底捞进入日本市场，在东京新宿开设了第一家门店，迄今为止在日本共开设 8 家门店。

同年，海底捞在韩国注册 6 家餐厅，至今已在韩国开设了至少 6 家门店。

韩国是海底捞布局较早、门店较多的国家之一。海底捞韩国门店人均消费约合 230 元人民币，顾客以中国人为主，但因中韩料理口味相似，餐厅也吸引了很多韩国顾客。

海底捞从来不走明星路线吸引食客，但在韩国，各大网络平台经常出现韩国明星吃海底捞的消息。韩国综艺节目也曾出现中国艺人带韩国艺人吃海底捞的内容。

第二节　重塑优势，海底捞全球化竞争逻辑

> "全球化是一个企业发展的必然，我不认为文化
> 差异有那么大。中国人跟美国人、印度人的思维有没
> 有差异？当然有。但是大家对于美好生活的向往是一
> 样的，只是表达的形式不太一样。"
>
> ——张　勇

海底捞全球化扩张的第一站选在了东南亚的新加坡，之后，逐步进入东亚、北美、欧洲。海底捞的全球化之路，带旺了当地的中式火锅市场。不少人在思考，海底捞靠什么在激烈的市场竞争中实现全球化扩张。

一位在韩国经营中式火锅的华侨说："坦白说，对所有在韩的中式火锅店来讲，海底捞是我们最大，也是最重要的竞争对手。"

施永宏说："海外市场的竞争是和当地餐饮行业的竞争，包括口味、服务、价格等全方位的竞争，说到底是人与人的竞争，对手之间的竞争，是与对手争客人。"

要想从同行手中争取顾客，就得研究顾客需求，并尽量满足。美国洛杉矶的第一家店开在公务员聚居区，就得用高素质的服务员；菜品是硬道理，要下功夫开发菜品；美国人喜欢甜

酸味，就得把麻辣味改良；美国人用餐喜欢简单便宜，就得想办法适应他们的需求。

全球化的竞争实质是文化的竞争。饮食是一种文化，不同的国度有不同的饮食文化。外国人多数看不懂中文菜单，也不习惯很多人围成一团共涮一口锅。欧美人看不懂抻面，理解不了服务员为什么要帮客人擦汗，也理解不了客人打嗝时服务员为什么要帮忙捶背。面对这些文化差异，海底捞不断适应，以在竞争中超越对手。

一、因地制宜，全球化必经之路

周兆呈说："早年的中式餐饮的发展，一般由在海外的华人带动，这也是华人在当地谋生的一种重要方式。如今中式餐饮的发展，由一些连锁品牌驱动。以海底捞在海外的发展为镜像，可以看出海外中式餐饮从'移民餐饮'向'品牌餐饮'的过渡。对在海外扩张的中式餐饮品牌来说，口味、体验、文化都是挑战。"

海底捞在全球化过程中，为了适应当地情况，更好地发展海外市场，做了许多努力，其中比较突出的有以下四个方面。

1. 本土化

海底捞员工、在韩华人小王说："一方面，海底捞韩国门店均由总部进行统一管理，并以统一标准提供服务；另一方面，韩国店绝大多数员工来源于本地，海外门店的骨干外籍员工还会被选送到国内的门店实习，或到海底捞学习发展中心培训，以更好地为顾客提供个性化、本地化的服务。"

周兆呈表示，海底捞在海外开设门店的过程中，产品口味也会根据当地情况进行调整，以适应当地人的习惯。

2. 提升体验

韩籍华人王明说："中式火锅在韩起步较晚，多在华人聚居区开办小餐馆，采用小作坊式的管理，不太讲究口味，追求的是团团围坐的热闹气氛。海底捞等品牌进入以后，在服务、管理和餐厅氛围上都大大提升了顾客体验。这对韩国的中式火锅市场形成了冲击，也带动了中式火锅在韩国的盛行，促使开办中式火锅店的在韩华人提升自己。"

3. 直营管理

在韩国教授李国宪看来，海底捞的直营式管理有利于自身的全球化扩张。韩国的餐饮企业多数实行加盟管理，初期很有效，但发展到一定阶段后，对服务、供应链管理以及企业同加盟商的关系就形成了巨大挑战，严重的还曾引发过社会问题。

海底捞高标准、统一化的"海底捞模式"，成了其成功的根本秘诀，引发了韩国餐饮企业学习海底捞的热潮。

4. 供应链打造

连锁餐饮企业发展到一定阶段，供应链打造就成了关键。海底捞在海外快速发展，至关重要的一点是，适时打造出了供应链系统。周兆呈表示，海底捞海外的供应链以前依赖当地企业，比如在美国与世界知名供应链企业西斯科合作，但随着规模扩大，未来也会在海外市场建立自己的供应链。

二、在挫折中成长，跨国竞争须扬长避短

海底捞高层曾客观地表示，海底捞全球化拓展还处于探索阶段。

海底捞在美国的第一家店，曾被媒体曝出只获 2.5 星的差评。张勇回应道："价格贵说明市场调查不足，中国产品在外应以便宜取胜，而我们在新加坡的定价高于国内，有成绩后变得有些主观，听取各方面意见不足。没有英文菜单说明'顾客是上帝'的价值观不牢固。我们'照了镜子，洗了澡'，也请大家给我们美国团队机会，毕竟他们远离故土才半个月，我们有些急于求成。"主动而谦虚的回应立马赢得大量海底捞粉丝的支持，部分网友还为海底捞的海外发展支着儿。

合益集团前大中华区副总裁王钺认为：中国企业到跨文化的背景里，如果是带着成功经验过去的就必败无疑，因为所有在中国成功的因素都不成立了。

在美国，已经本土化的亚洲人和部分美国人，对服务的理解与国内的人完全不同，因此，他们不接受"变态"式服务。这样海底捞的优点就变成缺点了。

海底捞在国内比同行的价格偏高，是因为其特色服务和品牌效应而形成的议价能力。在美国，尽管海底捞房租贵、装修贵、人工贵，成本高、摊销更高，但那是企业自身的问题。高成本

全部通过高定价来转嫁给顾客，顾客不会接受。为此，业内人士认为，海底捞敢于标高价是一种误判，服务优势不在，想要走出困境必须要与当地文化融合。

有人评价海底捞全球化，保持本色难以被当地人接受；放弃特色又失去了自我，失去了核心竞争力。

至于海底捞开直营店的高成本，这只能靠自身消化，尤其是要靠做出品牌、做出规模，多开门店和优化服务来消化。

第三节　创新优化，海底捞全球化运营逻辑

有网友这样评价道："人类已经无法阻止海底捞了！"当海底捞进入海外市场，尤其是进入欧美市场以后，有网友怀疑美国人能否阻止海底捞。同时，也有网友认为，美国人不能阻止海底捞，地球人都不能阻止海底捞！海底捞全球化取得良好的发展势头，赢得不同国家消费者的青睐，是因为张勇还有一套全球化运营逻辑，即根据不同国家的实际情况，保留特色的同时因地制宜，创新优化经营模式，而不是照抄照搬。

一、坚持直营的全球化管理模式

作为全球著名的餐饮品牌，海底捞在全球化发展过程中坚持直营连锁。这种模式有三个特征。

1. 坚持直营

海底捞日本新宿店店长张航说道："好的经营业绩离不开好的管理体制。"

海底捞全球门店均为直营店，由海底捞总部统一管控，不委托经营，不接受加盟，以确保品牌信誉和产品质量。

海底捞日本门店的经营跟国内门店一样，店长也是从基层选拔和培养起来的。海外门店的店长要求具备一定的外语能力和教育背景，目前海底捞在各海外市场的第一家门店的店长都是从国内选拔的。海外门店一般都有当地员工，其具体岗位会根据门店情况做相应的安排。

在菜品和服务方面，张航说除部分锅底从国内配送外，海底捞日本门店的其他食材都在当地采购。日本也有"入乡随俗"的说法，菜品要尽量符合当地人的口味偏好。为此，海底捞通过研发新菜品和定制锅底，推出了符合日本人口味的菜单，比如调整了麻辣锅底的麻辣程度，对菜品、酱料、酒水等也根据当地消费者的习惯进行了相应的调整，希望通过提高本地化程度来吸引更多当地客人。

特色服务一直是海底捞的重要项目。张航说，日本门店引入了捞面和变脸表演，并增加了多个捞面师、变脸师同场竞技的表演形式，以提升顾客用餐体验。

在选择门店地址时，海底捞主要考虑当地消费群体构成、该地址是否能够产生客流量、周边其他餐厅是否受欢迎以及交通便利程度等。张航说，海底捞鼓励各店员工自主思考、充分发挥各自能力来提供创意，并赋予各门店权限，以便各门店能够最大限度合理利用各自资源，达成为客人提供极致体验的目标。

2. 坚持"连住利益，锁住管理"模式

海外门店店长的工资仍与徒弟店和徒孙店的收益挂钩，只是根据不同国家和地区的实际情况进行了一定改进。

3. 坚持统一规范管理

在海外的海底捞门店也会灵活使用国内门店成功的管理方式，比如交叉打卡。韩国三店的金明媚说："我们韩国片区每周店经理都会交叉打卡。在其他店经理到我门店或者我到其他店巡店时，我们都会发现很多可以学习和需要改进的地方。把这些问题一件件地解决以后，我们的门店就会变得越来越好。"

美化环境、改善等候区环境、一手抓员工一手抓顾客，这些都是金明媚认为提升顾客体验的必要措施。因此，韩国三店坚持开晨会，坚持用问题催办清单。同时，他们还制作了抓顾客表，填写顾客基本情况及个性化需求。金明媚说："我在每天的培训会上要求担当带着自己的徒弟去一桌一桌地抓顾客，把顾客的情况填在表格上，尤其要认真听取顾客的意见，从中发现顾客真正的需求，这样实实在在地提升顾客满意度。"

二、一脉相承的全球化组织体系

海底捞海外门店建立了与国内门店一脉相承的组织体系。

第一，总部直接管理门店。海底捞全球的所有门店都直接由集团总部统一管理。在总部与门店之间有两个隐形层次，即教练组和抱团小组（家族）。教练组负责统筹协调和指导，又叫统筹部，分工协调指导所负责的海外门店。无论是国内还是海外门店，只要属于同一家族，就都由家族长牵头，组成抱团小组互助合作，利害共享。同时，国内的家族培养出的合格新店长，经考察和总部同意，可以到条件成熟的任何一个国家去开店，这个门店仍然属于国内的家族，仍然适用家族管理办法，享有抱团小组内的权利与义务。

第二，同一国家的海底捞门店之间也因为注册公司而有了共同的商社，形成事实上的抱团。只是这个抱团之间没有师徒关系，没有直接的利益关系。但这个商社有同盟协定，要相互监督，共同遵守，推出新菜品、联系采购、调整菜品价格都必须要事先通气，有的还必须统一。

门店比较多的国家还有统一的采购和库管，对大宗产品进行统一采购、统一仓储，以体现规模采购的议价能力。各国门店原则上由先去该国开店的店长牵头，负责召开会议，协调处理各门店自身难以处理的内外部事务。

第三，传承师徒制基因。海底捞的全球门店都采取出师带徒的人才裂变模式，师傅带徒弟，徒弟带徒孙。

温哥华一店有位捞面师，一口气带出了七个捞面徒弟。有人担心师徒制在外国不适用，殊不知外国同样有工匠精神，外国的徒弟也是师傅教出来的。

三、中为洋用的全球化企业文化

海底捞之所以成功，其根本在于张勇精心设计的企业文化。

正是这种企业文化成就了海底捞，不管海底捞开到全球的哪个角落，这种企业文化都是永远不会丢掉的，一旦丢掉，海底捞就不是海底捞了。

首先，始终坚持双手改变命运的核心价值观。张勇坚信，无论是在中国还是在外国，进入海底捞的员工都一定要信奉这个价值观，并且一定要坚持这个价值观。因为，不管他们属于哪个国家，接受哪种文化，他们对美好生活的向往都是一致的。

温哥华一店的蒋冰遇说："不管员工来自哪个国家，出来工作首先都是为了多挣钱。"

伦敦一店的钟碧说："不管是什么国籍，大家出来工作都是为了养家，一分付出一分收获。要让伙伴们跑起来，我们的责任是营造一种让他们跑起来的氛围。"

其次，坚持以人为本，与人为善。海底捞刚去北美时，顾客不太接受海底捞的"变态"服务，一些人因此认为海底捞以人为本的文化不适应全球化。张勇不这么看，他认为饮食本身就是一种文化，海底捞出国开火锅店的目的之一就是要通过火锅传递文化。同时，以人为本的本质就是尊重人，关注人的需求。没有哪个国家的人不喜欢别人尊重自己，问题是通过什么方式表示尊重，通过什么样的载体去体现尊重。同样，有谁不希望自己的需求得到最大满足？问题是要通过什么渠道去了解其需求，以什么样的方式去满足其需求。海底捞刚到北美时的"水土不服"不是以人为本、与人为善的文化本身的问题，而是这种文化的体现方式和传递载体的问题。美国有名的熊猫快餐的很多做法，同样是海底捞式的以人为本。

最后，吸收创新。面对不同的文化，海底捞在坚持自身特色的同时，采取尊重、吸收、扬弃的方法，尊重当地习俗，吸收当地文化，引导消费，培养习惯。美国人喜欢安静用餐，讲究用餐卫生，在意用餐场景，海底捞就改大锅为每人每位的小锅，顾客也可任选大小锅，同时提供别致的商务用餐包房。海底捞还对菜品口味和食材进行改进，根据不同民族、不同国家的禁忌取消器官类食材，在了解顾客需求时注意不打听顾客隐私，做到"招之即来，挥之即去"。

四、循序渐进的全球化供应链建设

连锁餐饮要做大做强，必须有强有力的供应链体系作为支撑。海底捞国内发展的轨迹表明，其供应链是根据门店扩张的需要而建立并发展壮大的；同时，海底捞的裂变发展，也是靠日益完善的供应链支撑的。

在全球化拓展过程中，按照当初的思路，海底捞在哪个国家开设门店，就在哪里建厂，后来发现有点盲目冒进，因此采取了三步走的战略。

第一步，就地取材。刚刚开设一家门店的时候，由门店自行采购，门店逐步增多以后，就把门店组织起来联合采购，或叫团体采购。再后来，有经验以后，实行源头直采，有的甚至跨国直采，大大降低了产品成本。

第二步，选择代加工厂，实行委托加工。在美国、加拿大、澳大利亚、新加坡等地，海底捞会根据自己产品的标准要求，选择有能力合规生产的代加工厂，按照自己的配方或指标体系委托其生产底料等产品，只付加工费，以节约成本。

第三步，自己建厂生产。当海外门店达到一定规模以后，海底捞就会将底料、蘸料、方便速食品及食材等自行选址建厂生产。集采购、生产、仓储、配送、销售于一体，有利于集中把控。

五、在实践中历练提升

该怎样管好海外门店呢？两位店经理用他们的实践揭示了相关要点。

1. 光靠经验是不行的

听说要对接新加坡六店，朱小林很兴奋，但也有些犹豫和害怕，她觉得自己英语不好，可能不太合适去新加坡。可当了解到新加坡人口大部分都是华人，很多人都讲中文时，朱小林觉得或许并没有想象中那么难。

筹备海外门店的确很难，大部分员工也都是招了再培养。幸好，朱小林带过去的大堂经理李子云和后堂经理左新有很努力。他们互相沟通，互相鼓励，一起对员工做亲情化管理。

正式开业前，朱小林想：虽然门店地理位置不是很好，但凭着海底捞的品牌影响力和开业前的宣传，生意应该不会差。没想到，开业的第一天中午，店里只有九桌顾客。在西安见惯了翻台率动辄 5 次 / 天甚至超过 6 次 / 天的场景，朱小林有些吃惊："生意真的太差了，在那之前我没见过有门店一天中午只坐几桌客人的。"

生意不好，就要想办法。朱小林跟店里的员工在楼下发名片，发宣传单，送爆米花，给附近医院的医生、护士送下午茶。她甚至在公共区域贴了广告，结果接到通知，如果不赶紧撕掉，就要被罚款。

当有员工兴奋地告诉朱小林，他们上班前在路上发名片和宣传单的效果还不错时，朱小林很感动。在那之前，她以为海外的员工不会这么干。她说："你要向他们传播海底捞的企业文化，他们慢慢会爱上这个企业，会觉得在这里工作是有温度的。"

八个月后，新加坡六店的翻台率超过了 4 次 / 天。过程很难，可朱小林觉得这对自己来说是历练。虽然她自己有一点经验，但光靠经验是不行的。在这个过程中，她要去学习，去改变自己，多了解当地顾客的需求，和当地人交朋友，让他们帮忙去介绍、去宣传。

朱小林有空就会让店助教她学英语，学常用的顾客订餐、介绍菜品之类的对话，她还跟店助说要对自己严格一点。如今，用英语接待顾客对朱小林来说已经不在话下。

朱小林很喜欢跟员工聊天。她说，在《人性的弱点》中，就提到"不要吝啬你的微笑"和"不要吝啬你的赞美"。门店没有员工宿舍，她会跟大家一起吃饭，一起搞活动，给他们讲故事。"要跟员工多相处，让他们多了解你，让他们觉得和你没有距离感。"

好员工是夸出来的，朱小林一贯的方式是"大会表扬，小会批评"，并且一定要做到及时表扬。巡台时，发现员工做得不好的，她不会直接指出来，而是会说："你看今天你各方面做得都很好，但是唯一的不足是……做好了就会更优秀。"有时，她会收到员工投诉，反馈某些管理层的态度问题，也会通过收集员工的意见，反思自己在管理上的不足。"从这些方面，你就能知道员工想要什么样的上级，需要什么样的帮助，怎么去跟他们沟通。"

对于新员工，朱小林的做法是先在大会上介绍他们，之后还要抽查老员工是否记住了他们的名字，谁要是没记住，就把新员工的名字抄20遍。"在《人性的弱点》中有一条，你要记住对方的名字，而不是每次都叫'喂'，这也是对人的尊重。"

2018年，朱小林做完手术后回门店上班，员工书写了"欢迎朱姐回家"的标语，还搜集她的照片制作了短视频，让她感动不已。朱小林感到那是一份惊喜，一份感动，更是一份沉甸甸的爱。

2. 光靠埋头苦干是不行的

任何事情都要按流程制度来，这是朱小林工作的原则。她说："现在公司大了，不能想起来什么就做什么，流程制度的重要性在这时候就体现出来了。每个月什么时间做什么事情都是固定的，并且在整个过程中，你发现有不好的地方，还可以去创新，毕竟流程制度也有不完善的地方。"

朱小林特别喜欢反思。她也问过自己：以前自己也很努力，为什么会失败？她的结论是，光靠埋头苦干是不行的。"一方面是你的体力有限，另一方面是你的脑力有限。公司一直在变化，给我们带来新鲜的东西，这就要求我们也要给员工带来新鲜的东西才行。要是跟客人聊天的过程中你一问三不知，那你怎么去跟客人交朋友？"

朱小林的一个徒弟本来跟老婆和孩子约好了去三亚玩，但因为店里的工作太忙没有去，最后是老婆自己带着孩子去的。这件事，让朱小林觉得有些难过："如果连工作和生活都不能平衡，怎么能把工作做好呢？天天埋头在店里干，缺少正确的工作方法，既不能提升自己，又不能把家庭兼顾好，到头来门店评级还不好。"

以前的朱小林，把所有的精力都放在门店，但效果并不理想。后来她慢慢体会到：要通过学习不断去提升自己，自然而然地，大家也会跟着你的步伐走，这样你就会觉得工作没那么累了，生活也变得更好了。

在她看来，不管是去了解关于红酒的知识，还是学插花、学画画，或是去健身，这些都是提升，都很有必要。"只有这样，我们才能更加健康，我所说的健康不只是身体上的，还包括心理上的。"

朱小林的成长也离不开看书。"张大哥和杨姐（杨利娟）说我们要多学习、多看书，以前我可能听不进去，但当真正遇到一些问题的时候，我才觉得真的要多看书。我看了一些名人的自传，了解他们是怎么成长起来的，从他们身上我学到了很多，这对我的改变是比较大的。"

画画、打拳、跑步、插花……朱小林的休假生活同样丰富多彩。很多方面她并不精通，但多少会接触一些。不同方面的东西了解得多了，对自己也是提升。"聊天的时候，你就不会让人觉得海底捞的店经理怎么除了会卖火锅，其他什么都不懂。并且，你的员工也会觉得很温馨，觉得他们的店经理是一个阳光、非常有正能量的人。"

十六岁，十七年，从一个懵懂的孩子成长为一个家族的家族长，朱小林说她得到了很多，但她最大的成长和收获是"我现在的工作状态和生活状态都挺好"。

3. 良性盈利，有生存才能谈发展

生存和发展是一个企业永恒的主题，这是海底捞温哥华一店店经理蒋冰遇分享的内容。她认为，海外的海底捞门店首先要解决的问题是生存下去。

海外门店，尤其是北美门店如何生存？蒋冰遇的回答是：实现良性盈利。这是她掌管门店，使门店评级稳中上升的一把利器。她从自己的经营实践中深刻揭示了海底捞海外门店的生存之道。

　　蒋冰遇说："如果用满分 100 分来衡量我们的工作，海外门店拿到 A，只可得 20 分，剩下的 80 分是要在这个国度生存下来，更好地发展下去，这才是有没有干好的关键标准。

　　"要生存下来，一定要实现自己门店的良性盈利。虽然海外子公司很幸运，拥有一个很有钱、很大方的'爸爸'，我们在起跑线上占据了优势。但是，我们不能老是'啃老'。要想好好地活下去，一定得实现自负盈亏，让母公司真正变成领路人，而不是救火员。"

　　作为一个全球化企业，张勇坚持长期主义，首先要考虑的是战略布局和投资策略，而不是先考虑哪一个门店开了以后就能马上赚到钱。但作为店长，就不得不考虑门店效益。

　　蒋冰遇总结实现良性盈利的管理模式就四个字：开源节流。所谓开源就是提高上座率和翻台率，他们门店的翻台率已经达到 4.29 次 / 天，她认为像这种共有 53 张桌子的门店，还有提升空间。在蒋冰遇看来，当务之急是节流。她结合温哥华门店的实际采取节流措施，很快收到了明显成效。门店利润率由最初的 5% 上升到 10%，2019 年 12 月上升到 28.2%。

　　蒋冰遇的节流措施有三个方面：控制人工费用、控制产品成本、节约其他费用。

　　"第一方面是控制人工费用。人工费用太高，在发达国家是一个共性的问题。解决这个问题最好的办法就是推行计件工资制。只要我们领悟计件工资背后的含义和其中每一个条款的目的，再结合所处国家的国情去推行，方向就不会错，推下去一定会有收获。以前堂计件工资为例，在加拿大，前堂员工的基本工资是当地的最低时薪，收入绝大部分来自小费。实行前堂计件，就是在小费上做文章，直接结合担当制、师徒制、计件工资制，做好小费的分配。我们把全店 53 张桌子划分为五个区，每个区域都是担当去分配该区的所有小费，绝大部分就由该区的伙伴按照担当、大徒弟、小徒弟的不同比例去分配，我们用的比例是 6∶4∶2.5。员工每接待一桌客人，就能清晰地知道自己能分多少小费。这种方式基本实现了我们前堂想要获得的计件工资的效果，就是服务好、用工少、优胜劣汰。员工只有努力去服务好每一桌顾客，顾客给的小费才会高，顾客给的小费高，他们自己才能分得多。不管什么国籍的员工，都有一个共同的愿望：想挣钱。想挣更多的钱就要去多看台，就要少排点搭档，慢慢地店里就形成了一组一组的黄金搭档。原本三个人看的区域，可能两个人就能看住了，那最后每人分得的小费就比三个人分的多了。用工也少了，门店付出的时薪也就少了。按照这种方式，给担当的薪资比我们附近的友商会高出 30% 以上。实现了这样的高收入，自然而然就有很多员工想往服务组跑，这样服务组的优胜劣汰就可以持续下去，同时也会促使其他组改进工作，留住人，或者另外选人。

"员工不配合怎么办？改革方式。员工没有安全感，就会产生抵触情绪，就可能带来许多问题。以我们后堂计件工资为例，原来后堂员工收入主要就是自己的岗位薪金，因为小费很少给他们。我们直接把岗位薪金变成计件方式，把每个岗位的薪水定清楚，能计算到个人的一定计算到个人。试行期间，就高不就低，让他们有创新地跟着跑，只要干得好，就可以多拿。在具体操作过程中，对各个岗位的薪酬进行慎重考虑和认真测算。首先，以半年来的经营数据参考定价，计算可以发放的工资上限，也就是卖一单出去能用多少钱发员工的工资，设定目标是 35% 以内。但是，在加拿大，每发一份工资，政府都要收约 13% 的各种税费，实际上只能用约 22% 的收入发给员工个人。其次，根据岗位合理用工量核定每一个岗位的计件工资单价。要注意每个岗位的特殊性，类似于捞面师这样的高级岗位一定要比中级岗位挣得多一点，因为他们比中级岗位做得要多。

"经过半年激励，效果远远超过预期。以捞面为例，我们店每天营业 15 个小时，以前捞面每班排两个人，一共要工作 14 小时，算上月休假，就需要三个人轮换。如果按时薪计算，门店每月要花 8400 加元养捞面师，而实际分到个人手里的还不到 3000 加元。那时候月销额也就 15 000 加元，要花 56% 的收入来养捞面师，还没有算要给政府的税费。实行计件工资后，按上边说的两个参考点核算出捞面的计件工资单价，最初有捞面师说不行，要换岗，试行半个月以后，三个捞面师里面就产生了一个主力捞面师，勤奋、动脑、肯干活。从 12 月开始，他的工资比以前翻了一番。

"这个捞面师自己想出了两个办法。第一是改过去两个人上班为一个人上两头班。高峰期上九小时，低谷期由兼职捞面师捞面。他培养出了七个徒弟做兼职捞面师，低谷期本来捞面工作就不多，就让他们兼职做，既不会耽误本职工作，又能多挣钱，他们当然都高兴。第二是计件单价确定以后，想多挣钱就要多捞面。捞面师要动脑筋，跟顾客互动，做表演，甚至教顾客捞面，以提高销售额，结果捞面销售额实现了稳定提升。

"这几个月实行计件工资，不仅人工费用降下来了，员工收入增加了，也帮助各个岗位实现了优胜劣汰。

"第二方面是控制产品成本。我们要亲自跑市场，货比三家，挑选供货商。我们学习日本店张航姐的方法，实行源头直采。日本店的虾滑直接从越南采购，还让越南供货商加工好再供货，虾滑运到门店以后，直接解冻装盘，连加工环节的人工费都省了。日本店的捞派毛肚是从欧洲直采的，不仅把产品的成本节约了，产品品质也大大提升。

"第三方面是节约其他费用。每个月我们都要分析财务报表，大项费用数据总是那么体面，但我们常常忽视小项费用数据。很多小项费用，加起来就占总费用的百分之十几。记得小时候，我奶奶常说：'零钱不起眼，节约一点算一点。'这句话已经成了我的座右铭。"

第八章

上市之路，海底捞的创业启示与展望

历经 29 年的发展，海底捞已经成长为国际知名的中餐品牌。海底捞的发展可以大致划分为三大阶段。

品牌创建期（1994 年—2010 年）：这一阶段主要是夯实基础、平稳发展，总体特征是"苦练内功"。

创新发展期（2010 年—2018 年）：这一阶段既是改革攻坚期，也是海底捞生态链布局期，主要特征是改革赋能，上市推动创新发展。

裂变增长期（2018 年至今）：这一阶段的裂变式增长，主要得益于前期组织赋能，使发展由自上而下的安排变为自下而上的推动。同时，新技术赋能、渠道下沉赋能、资本与实业双轮驱动战略赋能，合力促使其裂变发展。

第一节　海底捞上市对创业者的启示

2018 年 9 月 26 日,海底捞集团迎来了里程碑的时刻——在香港主板上市。特别引人注目的是,在上市现场与张勇一道敲锣的是他的徒弟,打工妹起家的时任 COO 杨利娟;现场观礼的是来自各个地区的服务员、担当、大堂经理和店长代表;代表海底捞集团致辞的不是张勇,而是股东代表、主管投资的苟轶群。这充分体现了海底捞对广大员工的感恩之情。

在苟轶群的 600 字致辞中,出现频率最高的两个字就是"感谢",感谢联交所,感谢时代,感谢政府,感谢投资者和中介,更重要的是感谢两个群体——顾客和员工。苟轶群一连用了七个感谢,最后落脚到一个期望:与各方人士携手为顾客、员工、股东,为社会创造更大的价值。这是苟轶群致辞中最引人注目的地方。

此次,海底捞全球发售 4.25 亿股股份,所得款项净额约 72.69 亿港元。其中,香港发售 3820.8 万股,国际发售 3.86 亿股。公告显示,海底捞香港公开发售股份获 5.56 倍超额认购,国际方面也获大幅超额认购。此外,海底捞的暗盘市场在 9 月 24 日已开始交易。据辉立交易场资料显示,海底捞暗盘收报价为每股 19.26 港元,较发行价每股 17.8 港元上涨 1.46 港元,涨幅为 8.2%。

多年来,海底捞一直是餐饮界关注的焦点。那么海底捞的成功模式可否借鉴甚至复制？创业者和企业从海底捞的成功案例中能得到哪些启示，吸取哪些经验？

一、只可借鉴，不可复制

在大众创业、万众创新的时代背景下，不少有志之士都想通过创业来成就自己。也的确有一些人学习和借鉴了先进经验，利用先进的技术和工具成就了伟业。问题的关键是：创业是一个艰难的奋斗过程，任何成功企业都是顺应时代的产物，没有捷径可走，成功的模式不可以照搬照抄。

真正可行的是，学习成功企业的经营理念与模式，从其发展实践中分析、总结、提炼和借鉴主要思路与做法，再运用到自身实践中，根据自身的市场环境、行业特点和团队现状来创造属于自己的模式。

我们可以学习其观察问题、分析问题、解决问题的立场、观点和方法，而不能照搬其模式。

跨界模式也是可以学习借鉴的。张勇学习借鉴阿米巴模式就是一个典型的案例。稻盛和夫的两大公司都不是做餐饮的，但是张勇学习他的方法、理念，结合海底捞的实践取得了成功。张勇本身不搞互联网，但是他借鉴了互联网思维，还要求高管们把互联网思维运用到餐饮管理中，利用阿里云进行餐厅选址，与互联网企业合作建立全渠道营销中心、拓展新零售渠道等。

同时，各大互联网巨头也在学习海底捞。它们一方面学习海底捞的管理理念及人力资源体系；另一方面根据市场实际，吸收餐饮元素探索新零售模式，而非直接去开一家火锅店。

所谓海底捞模式，简单来说就是海底捞通过开火锅店赚钱的途径和方式。它是张勇在 29 年川式火锅经营实践中所采取的经营形式和方法的归纳、总结和提炼，是张勇 29 年来苦心经营、艰苦探索的积累和升华，充分显现出海底捞深受顾客青睐、区别于其他火锅店乃至其他中式餐饮店的独特性。海底捞模式的基本要素，可以简要概括如下：

在关键业务方面，提供火锅餐厅的独特就餐体验，辅以火锅外送服务、方便小火锅，不断创造和提高效益；

在核心竞争力方面，打造公平公正的平台，通过独特的培养路径，造就忠诚度极高的相信"双手改变命运"的团队；

在价值主张方面，准确抓住顾客需求，提供差异化服务，提供安全优质的食材和超出顾客预期的赠礼，让顾客感觉物超所值；

在营销渠道方面，实行以"好火锅自己会说话"为主的口口相传的传播模式，辅以网络服务吸收会员，利用重大事件和活动提升品牌知名度；

在成本结构方面，优化食材、水电成本及差旅费、租金和折旧费；

在客户关系方面，搭建顾客沟通信息平台，畅通顾客反馈意见渠道，双向互动倾听顾客呼声，优化产品及服务，提高顾客满意度；

在收入方面，以合理的利润赢得极佳的知名度、美誉度，提升顾客回头率，开发潜在客户，增加收益。

历经多年风雨历程，海底捞现在已不仅仅是一家火锅店，更是一个以火锅餐厅为龙头的庞大中式餐饮系统。张勇把以前买菜、洗菜、切菜、摆盘、点单、上菜、点火、涮菜、加水、加料、上毛巾、记账、结账、送客等简单而复杂的过程，通过加工厂建设、物流体系建设，到后来的拆分公司、资本化运作、内部组织变革、KPI 设置、技术运用等一系列改革，完成了企业的生态布局，把一家火锅餐厅变成了一个庞大的中式餐饮帝国。

海底捞模式也是一个多层次、多元化的系统模式，是一个以"人人生而平等"为基础的以人为本的管理模式。

总体上讲，海底捞实行的是总部"一竿子插到底"的直管模式，内部组织实行以师徒制为核心的家族式（也叫抱团式）管理模式，对员工则实行亲情化的管理模式。网络技术服务、营销服务方面实行 O2O 模式，将海底捞线下商务与互联网结合在一起。

据招股书介绍，海底捞最核心、最关键的管理模式是"连住利益，锁住管理"。这种模式运用"连住"和"锁住"的手段，围绕"利益"这个核心，抓住"管理"这个关键，妥善解决了权力集中、层级太多、官僚主义严重、效率低下的问题。通过制度化管理、流程化操作、数据化考核、跟踪式监督，员工与公司的利益高度统一，充分激发了自下而上的增长活力。这种模式被广泛运用于海底捞国内外的所有餐厅，加速了海底捞向全球的规模化扩张。

海底捞模式之所以不可复制，是因为这是张勇用他的哲学智慧，在长期经营实践中打造出来的独特模式。

从服务员到经理到总经理到董事长，从一个店到几家、几十家、数百家店，从自己炒料、买菜加工到建基地、建物流、标准化生产加工，从单一的餐饮到综合性经营，他始终坚持从实际出发。

他无学历、无背景，但他清楚地知道，餐饮业属于劳动密集、碎片化、低附加值的行业，无法实现相对垄断。他也知道，企业内大量的农民工员工作为社会弱势群体，又都有其专属需求和独特实际。

面对这些问题和挑战，他从财务由一个人管，不记账，用钱都从一个口袋里出，盈亏都凭个人的良心，自己想怎么花钱就怎么花钱，到成本核算、财务电算化；从师傅怎么说徒弟就怎么做，到按行业标准管理，借鉴专业理论，借鉴哈佛经典案例；从"我说你好你就好，上级说你好你就好"，到建立严格、科学的综合评价体系；从认为流程把人变成了机器，到建立起一套以人为本的制度和流程；从"海底捞这辆车只能由我驾驶，谁也别跟我争方向盘，谁争谁就下车"，到建立决策委员会，"大家都掌方向盘"，海底捞的每一个员工都是管理者。这些无不凝聚着张勇的心血和智慧，当然难能可贵，当然难以复制。

海底捞是张勇的海底捞，是海底捞人的海底捞。离开了张勇，开设的火锅店就不是海底捞；离开了海底捞的气候和土壤，就无法让火锅店成为海底捞。为什么有的人离开海底捞以后办不起新的海底捞，不是他们没有钱，也不是他们没有人，更不是他们不熟悉海底捞的流程和制度。

29 年间，从副总级的管理层，到店长、大堂级的管理人员，再到服务员，离开海底捞的不乏其人。有的投奔别家后就在海底捞门店的对门开店，流程制度、服务，甚至"海底捞礼"都比照海底捞学，结果坚持不了几天就关门大吉。原因在哪里？张勇说："因为他们没有迭代能力。"施永宏说："因为他们没有海底捞的气候和土壤。"

如果说海底捞是一个鲜活的人，那么在 29 年的历程中，他从出生到走过婴幼儿时期、少年时期、青年时期，现在正当壮年。每一个时期他展现在人们面前的形象都是朝气蓬勃、阳光自信的，一个重要的原因就是，每一个阶段他都穿上了一套量身定做的衣服，而这些衣服都出自同一批师傅，那就是张勇和杨利娟等海底捞核心团队成员。他们始终坚持在不同的时期，按照量体裁衣的哲学原理，为海底捞量身定做不同的衣服，这也是海底捞模式的精髓。

二、借助资本完成蜕变

企业发展到一定规模，要蜕变就必然借助资本的力量。海底捞发展到一定程度，有了一定规模，经过长时间的积淀，已经具备上市条件。

作为一个餐饮企业，海底捞的成功上市，给企业带来了利益的同时，也给人们带来了惊喜。首先，刷新认知，火锅创造出超出科技股的市盈率。海底捞的发行价为每股 17.8 港元，高于小米的发行价每股 17 港元。其次，引起重视，资本市场也不能忽视餐饮服务业的发展前景。

在海底捞上市之前，在沪深上市的餐饮企业仅有四家，有人如是解读："餐饮企业上市少的原因，是真正的餐饮企业太小。中国的餐饮企业大部分是小而散分布的，连锁率不足 1%，很多老板还没摆脱'做餐饮'还是'做餐企'的纠结。这背后既有长期以来餐饮企业是'劳动密集'而非'人才密集'的问题，也有'手工业'色彩浓重而'工业化'进程缓慢的原因。"诸如此类，过去人们一致把餐饮这本属于第一刚需的民生行业，看成非主流的一线产业。无法集约化生产、规模化发展就不可能诞生很好的上市企业。

海底捞破解了行业难题，一是让大量跨界人才进入，提升团队素质；二是广泛应用移动互联网技术，为产业发展注入很大的变量和动能；三是加快了公司化改造进程；四是建设上下游延伸的产业链，实现全产业链生态布局。与此同时，海底捞还实现了跨界联合，为顾客提供新消费、新零售场景，开发了不少新的产品种类，给顾客以全新的体验。

企业上市以后，就成了一家公众公司。严格地说，这时候的企业不再属于任何个人，而属于股东，属于社会。上市后的餐饮企业对行业和社会影响更大，责任更大。海底捞从递交申请到敲锣挂牌，用了不到一年时间，但其奋斗历程为 24 年。

与"进口"有关的企业上市是个普遍的难题。同时，上市本身就是风险行为，不仅费力费财，上市以后还可能面临退市。餐企一般都存在财务不规范和食品安全风险等共性问题，其风险比科技、制造企业要高出很多。正因为如此，除了 A 股，其他市场对餐企都保持着超过其他行业的警惕性。为此，海底捞本着"打铁还需自身硬"，先练内功，从 2010 年起就按照会计师事务所的要求规范财务行为，并每年约请审计师事务所对其财务管理进行审计。

海底捞上市以后，其经营理念、模式，乃至一切举动都会是同行关注的重点，社会关注度也会加大，原本的细枝末节，可能就会被放大。优秀事迹可能不被重视，但哪怕有一点闪失，就可能会受到批评、谴责甚至恶意诉讼。海底捞上市以后知名度大大提高，这是一份荣誉；但同时，要保证对股东的回报，为社会提供更多价值，为同行做好表率，这确实是一份沉甸甸的责任。

三、把事情做到极致

执着坚持，这就是张勇的创业心得。29 年来，张勇遇到过很多走捷径挣快钱、赚大钱的机会，他都没有动心。联办通材实验学校的时候，按照通行做法，海底捞本可以以办学校做公益为由头，让政府配置商住用地搞房地产开发，用开发的利润修建学校。因为办学校属公益事业，本身不赚钱，也不应该赚钱，即使赚了钱也不应该揣进个人或企业的腰包。政府不掏钱，那就配置土地搞开发，用开发利润弥补建校投资，这似乎是天经地义的事。可张勇认为投钱建学校是对社会的一种回报，也为农民工子女解决上学难的问题，他也不懂房地产开发。俗话说得好："隔行莫贪利。"所以，他没选择这样做。

在简阳建旭海时代广场的时候也是如此。按照惯例，商业广场一般都是不赚钱的，通常以开发商业广场的名义，同时进行商住开发，按照一定比例确定不同的价格，同时获得商业和商住用地，通过价格优惠、政策倾斜以及开发利润弥补商业广场的收益亏损。无论大城市还是小城市，有哪一个商业广场旁边不是或大或小的商住社区开发项目？可张勇硬是力排众议，坚持纯商业建设，不要政府一寸商住开发用地。还有建底料厂和物流中心的时候，海底捞有无数次机会、无数个理由进入地产行业，可张勇硬是执着坚持，不改初心。2019年年底，还有人找到张勇要同他联合进行特色小镇项目建设，说是政府已经同意，并且政策很优惠，可张勇依然态度十分坚决地谢绝此事。张勇主张，人一生的想法不能太多，认准一件事，始终坚持下去，一定会取得成就。

四、抓顾客的关键是物超所值

海底捞不靠做广告，而是靠产品和服务来赢得口碑的。在许多企业消耗大量的时间和精力去做营销的时候，海底捞依然坚守初心，在产品和技术方面加大投入，保证产品质量，不断提升顾客的体验。

海底捞在创立之初，就强调用个性化、差异化服务让顾客获得良好的就餐体验，不仅在食材选用、菜品种类和调料口味上改良创新，让顾客感觉物超所值，还通过免费美甲和手部护理、赠送礼品等方式让利消费者。这让海底捞在顾客之间形成了良好口碑，积累了大量忠实粉丝。

餐饮直接关乎人们的生命健康。尽管人们的消费水平不断提升，但大多数人还是希望能吃到物美价廉的食品。然而，从成本的角度讲，物美价廉的食品事实上是不存在的。有的企业能够提供价格低廉的食品，但在食材质量、制作方式、替代添加等方面常常违规，让消费者不能放心食用，这正是所谓的"便宜无好货"。

2020 年 10 月，某省份对饮料食品进行抽检，一次性发现并通报 20 余种不合格产品，其中还包括知名度高的大品牌产品，影响极差。坚持让顾客感觉物超所值的海底捞，不仅坚持采购新鲜食材，还坚持采购高品质食材，在坚持用心创造差异化的同时，坚持提供更多的免费体验、免费服务，坚持利用科技为顾客创新消费场景，这些都大大挤占了利润空间。但是，正是这种执着坚持确保了海底捞的良好口碑，进而促进门店扩张、客流量增加、收入增长。海底捞底料、方便速食品、外卖、周边产品、供应链服务等的收入大幅增长，规模效应、联动效应不断显现，采购、生产、库存、物流等方面的成本降低，在为消费者提供更大让利的同时，也让海底捞及其合作伙伴获得了更高的利润回报。

不少人担心海底捞坚持个性化服务，坚持让利顾客，让顾客感觉物超所值的行为不能长期持续下去，还会抑制企业创新，使企业陷入困境。恰恰相反，在去中心化的移动互联网时代，产品不仅价格透明，甚至价值也在走向透明。企业想继续仅凭借信息不对称而获取超额利润根本不可能，必须在产品开发、新技术运用、供应链协同、全业务流程化和制度化方面积极创新，通过系统化、差异化竞争构筑自己的品牌高地。

第二节　海底捞裂变的战略机遇

时势造英雄。29 年来，张勇审时度势，抓住一次又一次重大机遇，创立和发展了海底捞。张勇说："我的一切都是这个时代给的，因为我踩准了时代的节奏。"正因为如此，苟轶群代表海底捞在上市敲锣仪式上说："海底捞有今天，要感谢这个时代。"

一、时代铸就了海底捞

张勇成长的时代正是改革开放的时代，解放思想是一个响亮的口号，探索创新是一个时髦的话题，敢想、敢干、敢闯、敢试是一种被极力推崇的品质，勤劳致富、带头致富成为一种政策导向。正是在这种背景下，张勇才有了做生意、挣大钱的冲动。也正是在这种背景下，张勇才敢于白天上班，晚上卖麻辣烫。正是很多商品都供不应求，张勇才体会到做什么都赚钱。正是人们的需求旺盛，才让之前每月拿 90 多元工资的张勇体会到卖麻辣烫一晚上就可以挣 200 元的极大反差和意外惊喜。

有人问张勇："那么多人做生意都亏本，那么多人开麻辣烫店都开倒闭了，你为什么一开就赚钱，越开越红火？"

张勇说："我也不知道，可能是我运气好呗！"这种运气实质就是时势，时势对谁都是公平的。不同的是，张勇有审时度势的能力和勇气，所以他就成功了。

20 世纪 80 年代，改革开放的春风吹遍了祖国大地，也吹到了四川简阳。那时候的张勇十八九岁，在无数次尝试中，及时地抓住了时代的机遇。

张勇说："人都是社会的人，必须随社会的发展而发展，离开了社会，人就不是社会的人，也不可能得到更大的发展，更不可能把火锅开遍全球。把自己的成功归结为顺应时代潮流，时势造英雄。这就是我的世界观，也是方法论。"

张勇的成功还踩上了中国加入世贸的节奏。张勇说："中国加入世贸以后，我们有机会学习国外企业的先进管理理念、模式，学习引进先进生产和管理技术，以提升自身能力和创新自己的流程、体系。"

事实正是如此，海底捞借鉴美国的小费制实行计件工资制，实践阿米巴模式，与美国夏晖物流技术合作创立蜀海供应链，与百胜餐饮集团交流，借鉴星巴克培训生计划，与日本松下电器合作建设智慧餐厅等，无不体现中国加入世贸后，洋为中用对升级海底捞软件、硬件，促成裂变发展所起到的助推作用。

二、创新铸就了海底捞

外因是变化的条件，内因才是变化的根据。借助外力固然重要，但要真正做好，还需要把外力通过创新变为自己的东西，产生出一种内聚力量。纵观海底捞的发展，每一次创新，企业就发展一步。在借鉴先进理念、模式的时候，必须对自身不适应的方面进行调整和完善，这就是创新。海底捞从 2010 年开始实践阿米巴模式，2018 年，海底捞门店由 60 多家增加到 300 多家。2014 年海底捞组织架构变革失败，影响了发展进度，之后扁平化的组织架构改革成功，又助推了发展。究其根本原因是改革赋能，创新发展。

三、上市裂变了海底捞

在谈到上市的目的时，苟轶群说："联交所秉承市场化、专业化、国际化的原则，为上市公司提供了最好的展示自身和融资发展的舞台，海底捞必将借这个舞台创造更大的辉煌。"他坦言海底捞上市是为了更大的发展，认为上市对海底捞是一个极大的机遇。

首先，海底捞上市一举突破了裂变发展的资金瓶颈。海底捞属于重资产经营型企业，在国内新开一个门店需要 800 万元左右，再加上人才培养、供应链建设，资金压力是可想而知的。

海底捞上市募集资金 72.69 亿港元，极大地缓解了资金压力。苟轶群表示，上市是海底捞的一个新起点，海底捞将借力资本市场，在门店拓展、服务升级、新品研发、新技术运用等方面加大投入，为顾客带来更好的消费体验。突破了资金瓶颈后，海底捞实现了裂变增长，门店拓展加快的同时，营业收入和利润总额也相应大幅增长。

其次，上市让海底捞迎来了一大批重量级合作伙伴。颐海上市让新希望刘永好成为股东，海底捞上市让高瓴基金成为投资人，高盛基金成为海底捞的券商。另外，由于科技提升的需要，用友网络、松下电器等都成了海底捞的合作伙伴。

最后，上市让海底捞吸引了更多高素质人才，为海底捞优化人才结构、强化组织能力提供了人才保障。一大批投资专家、成本控制专家、供应链管理专家、人力资源专家、信息技术专家、食品安全专家、营养专家、高级厨师等应聘进入海底捞。

海底捞还学习星巴克的培训生计划，招收本科以上学历的应届高校毕业生直接担任店长助理，为期半年，体验门店全部岗位，考试合格后成为后备干部。

总之，2018 年以后，海底捞裂变发展的关键性因素一是"阿米巴＋评级制＋连坐制＋计件工资制"的机制表现出的威力；二是上市给海底捞募集了足够的资金，也让海底捞提高了知名度和影响力，吸引大批精英人才齐聚海底捞。这些因素相互叠加，助推了海底捞的裂变发展。

第三节　海底捞的竞争思想体系

在 29 年的成长过程中，海底捞表现出了强大的战略能力和战斗意志。海底捞从 2018 年起裂变发展，之所以能够一路攻城略地，开疆辟土，不仅是因为张勇有一种执着坚持的顽强精神，还因为海底捞有一套完整的竞争思想体系作支撑。

一、差异化竞争

差异化竞争，也称特色优势竞争，是指企业在顾客广泛重视的一些方面独树一帜，它选择许多用户重视的一种或多种特质，并赋予其独特的地位以满足顾客的要求。海底捞实施差异化竞争主要表现在服务差异化、产品差异化、餐厅氛围差异化、迭代能力差异化、系统建设与供应链建设差异化，以其在同行中独有的品牌形象，让顾客感受到独特的价值。

海底捞差异化战略建立在事物矛盾特殊性原理的基础上，世界上没有两片相同的树叶，海底捞没有两位相同的顾客。每位顾客的饮食习惯都不一样，对餐饮企业提供的价值内容和传递形式需求也不一样。这就需要海底捞坚持一切从实际出发、实事求是，具体分析顾客需求，解决顾客反映的各种问题，最大限度地满足顾客的价值需求以提高顾客满意度。

以产品为例，海底捞针对顾客的各种不同情况，提供数十种不同口味的锅底供顾客选择，一桌顾客一次可选择两到四种不同的锅底，菜品也可以选择整份或半份。根据不同顾客的喜好，海底捞还推出了各种免费服务和赠送服务，对常客、回头客、会员等提供各种特惠活动以提高顾客满意度。

实施差异化竞争可以赢得顾客的忠诚度，但实施差异化竞争意味着增加成本。不过增加的成本不是转嫁给消费者，而是由企业自身消化。对此，张勇认为，为了赢得顾客的信赖，花这个钱值得。

二、体系化竞争

社会有社会的体系，企业有企业的体系。体系才是真正的企业文化，是企业核心竞争力。很多人强调人是最重要的，但当企业里优秀的人走了以后，企业还在正常运转，你就会感到体系很重要。有的人认为企业的竞争力是人、产品和体系，如果在这三个关键词中选一个最重要的，那一定是体系。关于这一点，张勇早在 2009 年在北大演讲时就强调了体系是企业的领导力。

张勇说："海底捞的体系包括人力资源体系、信息化管理体系、财务管理体系、物流体系等。只有当这几个体系都建立起来以后，海底捞才算一个真正的品牌。"他认为当这几个体系都很差的时候，再拿一大堆钱去开很多店就等于加速灭亡。从 2010 年开始，海底捞花几年时间打造了自己的由人力资源、财务、信息化管理、物流等子系统有机构成的中式餐饮软实力体系。这种体系在资金、技术、市场、管理、渠道、人力、制度、知识产权等方面为海底捞赋能，使其具备出色的竞争力。

体系的迭代能力和创新能力，正是海底捞成功和立于不败之地的秘密。

海底捞的人力资源体系以师徒制为核心，以"连住利益，锁住管理"的利益分配制和过失连坐机制为关键，不断地培养出新的合格店长，实现价值传承。同时核心企业海底捞鼓励内部创业成立外围企业，释放自身的人力价值，让外围企业加速成长。

海底捞的供应链体系，不仅为海底捞提供了必要的保障和低于市场的成本，使其在与同行竞争中，产品安全、质量、用量、用时得到保证。在资本赋能方面，海底捞对联属企业直接注入资本，包括把自有产权交给颐海，让颐海长期无偿使用海底捞配方，以低于社会平均使用成本的内部优惠获得相关资本，这也是内部企业一种优惠形式。在市场赋能方面，海底捞在颐海、蜀海发展初期，将自己的底料、蘸料、食材的采购、生产、加工、配送分别交给颐海和蜀海，促进了联属企业对其他市场的开发。以颐海为例，颐海初期市场主要依赖海底捞，但到2019年底，海底捞只占颐海40%左右的市场份额。

三、舆论竞争

海底捞特别重视同媒体的沟通交流。要让媒体不说坏话，企业本身要先做得好，同时还要让媒体知道你做得好。即使做得不那么好，只要敢于面对媒体、敢于讲真话、敢于积极想办法补救，借助媒体传递真情、表达真实愿望，通过媒体让读者和顾客知道你会怎样努力做得更好，那结果就会好很多。

海底捞坦诚对外沟通的态度在媒体报道中经常被认可，究其原因是张勇坚持走正道、干正事，不搞歪门邪道。海底捞尊重媒体，不拒绝媒体。正是这样，从被点评成网红，到在大众点评网点击率超百万，再到经常被媒体关注而冲上热搜，海底捞在权威性高的传统媒体和便捷、灵活的新媒体的高度关注中，打造了自己的品牌，成功聚集了大批粉丝。

海底捞被坊间议论为危机公关的典范和技术先驱、创新先驱。通过媒体，海底捞成功树立了标杆形象，实现了与顾客、与社会稳定的情感交流，以其独特的个性受到广大年轻朋友的追捧、会员的青睐和社会各界的普遍认可。

四、技术竞争

海底捞是最早具有互联网思维和运用互联网技术的企业之一，海底捞运用互联网技术主要表现为以下几点。

根据互联网数据制定决策。以新门店选址为例，海底捞和阿里云合作实行云选址，运用阿里云提供的单位面积的人口密度、交通状况、客流量、消费水平、附近餐厅开设密度及经营状况等信息，结合实地考察情况，综合分析确定，使餐厅选址更加科学。同时海底捞还根据互联网数据，分析一定时间内餐厅菜品的消耗量和热点菜品的需求量、存货量，以保证菜品新鲜度，减少报废，降低成本。此外，海底捞还借助大数据和物联网技术，储存了成千上万个菜品标准与规范数据，为餐厅制定菜单和推出个性化菜品奠定了坚实基础。

线上线下互动。海底捞将会员集中在网上管理，同时在网络上吸引了众多粉丝，再通过门店的优质服务、优质产品、独特环境和氛围，吸引顾客到店消费。对颐海产品、蜀海食材，海底捞通过线上"热炒"，在各大网购平台开设旗舰店，让顾客在网上体验，再引导顾客到实体店购买。海底捞运用新技术，建设全渠道营销中心，使海底捞新零售得以创立和完善。作为重资产经营型企业的海底捞，坚持线上引流、线下消费模式，极大促进了主营业务的拓展、联属公司产品的质量提升和业务规模增长。

改变工作场景和方式。互联网技术的运用，使张勇及公司所有员工都改变了原有的工作场景和方式。每一个员工都可以随时了解全公司情况，张勇及其决策团队、管理团队在世界任何一个角落，从互联网的任何一个接口进入，均可了解海底捞各门店财务状况、经营状况，包括每家餐厅各个角落的情况、每个员工的工作状态、每位顾客的体验情况，还可以了解各联属公司各部门运行状况和需要解决的问题。张勇无论在哪儿，只要有互联网就可以指挥调动企业。这就是刘永好说"张勇成天打高尔夫，还把企业管理得那么好"的原因。

五、决策竞争

海底捞在众多竞争对手中成功崛起，在极度分散的市场中独占鳌头的秘密武器是效率第一、高效决策。这种高效决策从根本上讲是通过改革建起扁平化的组织架构和科学体系，遇到机遇和挑战有人负责、有人决策、有简单快捷的程序决策，具有张勇所说的迅捷迭代的组织力。具体体现在以下三个方面。

第一是让听得见炮声的人决策。在海底捞，谁的事谁决策，谁管的事谁决策。

第二是和具体操作的人员一道决策。以门店管理为例，出台制度和规定，一定让店长参与，共同决策。议题由店长们提出，存在两个以上的方案就会让大家讨论，最后 PK 决定，胜者的方案将付诸实施，而不是少数人关起门来制订规则去管理那些被管的人，也不是办事员起草，领导审阅，再层层征求意见，层层研究，等到最后批准。

同时海底捞还非常注重发挥集体智慧，提高决策效率，在抱团小组、家族内部协商解决问题。为了避免片面的少数服从多数让关键少数的正确方案受到排斥和压制，海底捞还特别推出加持制度。店长可以直接向 CEO、COO 申请加持，得到加持的方案可以直接交由会议表决。

第三是底部发力倒逼决策。这是一个倒金字塔式的决策程序，首先大量的决策由基层作出；其次是小组、家族内部自行决策；再次是分管高层牵头决策，决策委员会决定；最后是张勇决策。这样做有两大好处，一方面防止大家都不管事，出现问题就上交，鸡毛蒜皮的小事层层上报，让董事长和总经理被琐事缠身，无力思考大事，谋划大局；另一方面是重大发展战略和计划的制订由基层发起，从底部发力，更接地气，更符合实际，可行性更高。

六、生态竞争

海底捞的强大，从本质上说是其生态竞争力强大。

第一，这种竞争力是综合因素所形成的综合竞争力，这种综合因素包括人与物、企业与环境、企业内部各大系统之间相互协调配合，和谐共生，由此形成的整体系统的能量和各种具体因素积极作用的充分发挥，使能量在传递中的衰减补损，不至于力量相互抵消。

第二，这种竞争力表现为海底捞公司及其主营业务、各联属公司及其扩展业务形成的生态链布局。新品类研发与生产、共同客户维护、员工招聘与培训等方面，都让海底捞具有突出的竞争优势。海底捞在火锅经营、物流和供应链等方面都取得了长足发展和显著效益，在生态链设计、产品联动、人力资源培训、财务管理、信息化管理、输出企业管理等方面都获得了明显优势。

在生态竞争战略指导下，海底捞资本与实业的双轮驱动更让其在行业竞争中棋高一着。

第四节　上市挑战，坦然应对

"股市有风险，入市需谨慎。"这是告诫股民的话。其实不只买股票的股民，卖股票的企业也是有风险的。海底捞招股书用了 30 页来分析上市的风险，最后集中在三大方面，即食品安全及质量、店长人才库和供应链管理。张勇长江商学院的同学苗成伟认为，作为餐饮龙头企业的海底捞上市以后面临四大风险。

一、食品安全

苗成伟说："海底捞作为行业标杆，食品安全问题不容闪失。对于这一点，张勇和他的管理团队看得很清楚。张勇一开始就把食品安全问题看成决定海底捞生死存亡的大问题。张勇认为，食品安全出问题，海底捞死得最快，可能只要一两天。"

施永宏在谈到海底捞上市后面临的最大风险时说："上市以后，产品都没有什么风险，在很久以前我们就已经不采用任何已知的有风险的产品了。"

同时，施永宏也坦言："要注意自身瑕疵，有效规避各种可能面临的风险。比如说客人吃到塑料片或头发，在以前就是一个小事故。但海底捞成为一个公众公司之后，这个就算大事故了，被传播之后会对公司造成很大影响，很多人会因此减少来海底捞消费的次数。"

在谈到海底捞上市以后维护顾客这方面有什么新的挑战时，施永宏说："上市以后，在外界看来，海底捞好像发生了很大变化，其实对我们来说没有什么变化，就是觉得新闻事件越来越多。海底捞上市，成为一个公众公司以后，社会关注度越来越高了，现在出现和以前同样的错误，关注的人更多了，负面新闻就更多了，这是我们面对的主要风险。反过来说，这个也不算风险，因为它可以督促我们不断地变得更好。"

无论是张勇还是施永宏，都把食品安全及质量作为首要的风险，海底捞官网展示着张勇关于海底捞两种可能死法的告诫。海底捞不仅牢固树立了食品安全的意识，在人力、财力、物力的投入，制度、体系的建立以及技术的运用上都竭尽了全力，以最大限度地防范和化解食品安全风险，保持产品质量的一致性。

但是，任何企业，尤其是食品企业，无论防范多么严密都只能保证不出大问题，少出小问题。出问题是必然的，不出问题是相对的，关键是如何及时发现和解决问题，举一反三，把损失降到最低。凭借海底捞的实力，人们完全有理由相信海底捞能够防范和化解风险，确保食品安全及产品质量的一致性。

二、创新疲劳

苗成伟认为："企业一旦出现创新疲劳，就难以持续成为行业引领者以及定海神针。"根据苗成伟的观点，海底捞初期靠尊重、信任、授权让员工创新服务顾客来创建了品牌，但服务价值的过度传播及放大已经让消费者聚焦于此，餐饮企业最核心的产品价值反而成为次要因素，这恰恰值得企业去反思和修正。再则，随着企业的发展，门店迅速增多，生态布局越来越宽广，企业必须进行规范化、制度化、标准化的管理，建立组织体系、财务体系、信息化体系、物流体系，完善流程和制度，因此对原有的人性化管理的变革成为当前的焦点，这也是一种创新。这种涉及整体的、全局的创新，在很大程度上造成了过去习惯于亲情化人治的员工，甚至高管团队，对标准化管理的不适应。内部有人抱怨海底捞已经不再是过去那个有情有义的海底捞，外界也有人议论随着发展壮大和管理创新，海底捞过去温情的人文化管理变成了冷酷的狼文化管理。有人认为标准化管理是对亲情化管理的否定，也有人认为标准化、制度化管理是在亲情化管理基础上的继承、发展和创新。

如何处理好这种变革带来的不适应，如何做到人性化管理与制度化管理的平衡的确是海底捞要解决的企业核心命题。张勇认为创新要靠一种体系，他一方面承认创新不是一件容易的事情，关键性的创新、持久性的创新更难；另一方面，他认为创新关键是依靠制度和体系铸就的一种能力。通过多年努力，海底捞已经建立和完善了科学管理体系和制度，造就了激发员工持续创新的气候和土壤。这就是一种创新能力，这种能力能够适时破解生存与发展难题，不断创造和提升海底捞作为餐饮龙头的品牌价值。

三、丧失斗志

苗成伟认为，海底捞面临的第三大风险是团队因为成功产生骄傲自满情绪，丧失敢想、敢干、敢闯、敢试的斗志："因为海底捞成功上市，既得利益者容易产生自满情绪，队伍难带。"抓班子带队伍，确实是企业面临的一大难题。无须讳言，海底捞成功上市以后，一批过去的骨干员工因持有海底捞股份而一夜暴富，即使是没有股份的中高层管理人员，也可以获得不菲的收入。这批既得利益者，很容易失去过去的冲劲、闯劲、韧劲和勇气、锐气、志气。

再则，海底捞的人力资源管理最核心的是师徒制，其最大优势是内生力、内聚力和价值传承，但也不可避免会出现圈子文化和裙带关系。项目制、预算制、工分制在决策和推进效率上优势明显，但任人唯亲、互相庇护又不可避免。随着企业发展，各方面人才的进入，新人与老人、高素质人才与低学历员工、学院派与实战派之间，不同家族之间都会出现诸多矛盾。

张勇虽是头脑清醒的铁腕人物，但他毕竟是人不是神，不可能不食人间烟火，更不可能像孙悟空那样明察秋毫、识妖降魔。张勇也的确制定了许多制度、体系、流程来防范风险和纠错，但任何制度都必须由人去执行，执行过程中都不可避免地带有主观性、倾向性和局限性。

此外，随着生态链的延长，产业布局加快，各自为政、各行其是、互不买账、互相推诿、官僚主义、效率低下的问题也明显地表现出来。

在2020年，张勇集中精力对生态链联属公司的组织架构、管理模式进行了改革，撤销集团和各联属公司的人事部，将员工招聘工作全部交给微海咨询，将集团和联属公司的管理层任免工作全部集中在总经办，将现任管理层培训全部委托给海底捞学习发展中心，又将海底捞学习发展中心交由总经办管理。

这些举措都剑指弊端，防患未然。但是，海底捞家大业大，抓好班子带好队伍既是事业成功的首要条件，也是影响事业健康发展的关键性难题，这不得不让张勇更加劳神费力。

四、木秀风摧

苗成伟说："木秀于林，风必摧之。海底捞上市以后对董事长和总经理的要求更高了，董事长不仅承担能否科学决策、大胆决策，能否使企业沿着正确的轨道健康发展的经济压力，其个人也有可能面临一定的社会风险。"

企业上市以后，成功以后，董事长就其自然属性来说，还是原来的那个普通的人；但是从社会属性来讲，他就是一个名人，是名牌、名企的化身，会受到更多的关注，社会也会对其提出更高的要求，其言谈举止的每一个细节，都会让人们从一个公众人物的角度去审视评判。

公众人物更应该增强法律意识，牢筑思想道德防线，严格规范自身言行，培养健康生活情趣，塑造良好公众形象。无论在什么国家，处于什么样的时代背景下，企业家，尤其是把企业做大做强了的企业家，都必须谦虚低调，牢记使命担当与社会责任。

第五节　回到原点，持续创新

"多年实践证明，没有创新就没有海底捞。"

——张　勇

认识张勇的人，不少人会认为张勇是一个不受拘束的人。如果这个认识正确的话，那么正好说明张勇是一个敢于创新的人。实际上，**"不受拘束"本质上就是敢于创新**。

谈到海底捞的创新，张勇说："首先是经营理念的不断创新。从经营火锅到经营人，从'顾客是一桌一桌抓的'到为顾客提供差异化服务，从简单的送菜、打折、免单到提升顾客体验、培养会员，从把员工当成亲人到员工也是顾客，这种经营理念是从朴素地满足人的需要到以人为本的升华。"

2019 年 4 月 2 日，周兆呈在中国传媒大学演讲时，将海底捞的发展战略总结为回到原点的创新。他以餐饮行业的三大特性为引，结合海底捞自身情况，提出模式创新、服务创新、技术创新三个维度。他认为回到原点是创新的本质，也是找准未来价值的基点。

周兆呈从餐饮行业的特性开始谈起。环境、卫生、食材、口味、服务是五个最基础的因素。不能标准化、规模化是餐饮行业的痛点。劳动密集、低附加值、碎片化是餐饮行业的三大特性。因此，餐饮企业很难成长为世界性的、有现代管理理念的、具有规模效应的企业。

相对于快餐餐饮，火锅餐饮企业面临的挑战更大。在这样的行业特性下，海底捞能成长为具有一定规模的企业，得益于做到了三个维度的创新，即回到管理、需求、人本的原点。

一、回到管理原点：制度创新

海底捞没有特别复杂的管理理论，制度上追求落地实施的便捷性，其中有几个有特色的制度，包括师徒制、计件工资制和过程考核法。

计件工资制。计件工资制简单来说，就是干多少活拿多少钱。举例来说，一家餐厅一天接待300人，员工基本月薪4000元。如果餐厅生意好，顾客增加到600人，规模翻一番，很多老板会给员工发5000元月薪，看似增多，实际上员工付出的努力与收入并没有成正比。计件工资制则可以改善这一点，生意越好，员工拿得越多，心情越愉快，提升了员工服务意愿、服务能力，给员工提供了实现自身价值的途径。

师徒制。手工行业、制造行业常应用师徒制。在海底捞，师傅和徒弟利益捆绑，师傅会全心全意教徒弟，徒弟会成长为店长，未来继续拓展门店，培养新的管理人才。海底捞的核心价值观是"双手改变命运"，员工通过努力有机会在海底捞改变命运。收入从4000元增加到5000元，最多是改善生活，改变命运是要有根本性的收入改变，员工几年内能从服务员成为店经理，每个月收入就会大幅增加。

　　过程考核法。海底捞是不考核营业收入和利润指标的，考核的是门店的员工努力度及顾客满意度。顾客满意度是很主观的，无法用科学指标量化，所以海底捞采用类似米其林餐厅测评的方式，邀请各行各业的嘉宾以普通顾客的身份去门店试吃并打分，每三个月评级一次，从顾客角度出发，动态评估。结果不一定百分百客观，但基本上最接近这家门店的真实水平。员工努力度则会体现在顾客满意度上。采用这种方法不代表海底捞不在意财务指标，实际上海底捞采用的是过程考核法，能更准确地评估门店日常运营情况。如果给门店设定利润指标，店长反而会只想着开源节流、削减成本，无法给顾客提供更优质的体验。

二、回到需求原点：服务创新

　　服务是海底捞一大特色。在服务上海底捞的确做了一些创新，比如最早在餐厅里帮顾客擦皮鞋，这是张勇创业时就开始做的，顾客很感动。由这点他想到，服务在中国是非常稀缺的资源，通过服务能够让顾客更好地体验海底捞所提供的食材、环境，所以海底捞在不断优化自身的服务。服务的本质在于满足顾客需求，而需求未必是顾客自己发现的。海底捞希望做到的是，帮顾客发现需求，甚至创造需求。顾客是一个一个抓出来的，这对海底捞而言，就是重视每一个顾客的需求，发现每一个顾客的需求。

　　关于海底捞创新服务，网络上的故事不断。有些可能是段子，也有些可能是真实体验。海底捞作为服务型企业，顾客的认可是无法通过营销获得的，而是靠一次次真诚的服务构建起来的。

三、回到人本原点：技术创新

新技术的运用可以改变餐饮行业的成本结构，改变顾客与门店之间的关系。技术是冰冷的，在技术创新的同时，必须思考如何回到以人为本的原点。很多企业运用新技术可能是为了解决效率、成本等问题，海底捞运用新技术则是为了解决体验问题，希望通过新技术提升顾客体验。

运用新技术可以在餐饮之外的价值链条上挖掘潜能和机会，实现未来的价值转移，提供更加个性化的顾客体验。未来可能会有更多产品与生活场景密切相关，这种价值转移可以满足顾客的多种需求。海底捞在全球有超过 1400 家门店，每一个门店都是流量的入口，上亿人次的到店顾客都可以转化为更多增值服务的用户对象。

2018 年 10 月，海底捞全球首家火锅智慧餐厅在北京中骏世界城开幕。智慧与餐饮的结合主要体现在智慧生产、智慧运营和智慧服务上，智慧生产、智慧运营是大部分顾客感知不到的，而智慧服务则是顾客可以感知到的，这些都运用了很多新技术。

第六节　方向对了，剩下的就靠我们一起加油了

上市以后，海底捞为了抗御风险、迎接挑战、负重前行，在 2019 年和 2020 年集中精力做了四件大事。

第一件大事：成立决策委员会。在 2020 年新春团拜会上，张勇说："海底捞在 1994 年创立的时候，我最爱讲的是谁掌握方向盘的问题，在那个时候，我强调的是一种自上而下的执行力。到了今年，我们推行决策委员会则是一个标志性的事件，因为决策委员会的推行标志着个人领导转向了集体领导。在我们人少，市场竞争并没有那么激烈，而且我们的业务比较单一的时候，公司的执行力决定了它能走多远；但是当我们有十几万人，业务逐渐多元化，而且跨国、跨地区的时候，我想我们这时候不是要走得快，而是要屏蔽风险，如果大家一起来推进工作的话，将会更容易屏蔽风险。"

第二件大事：推行工分制和预算制。"在工分制和预算制的推行当中，我们特别强调教练要把自己所负责的工作当成生意来做，这跟其他公司的号召背道而驰。因为很多公司都希望它们的高管讲奉献，而不是把工作当成生意来做。而我觉得把工作当成生意来做的时候，我们会更多地提高效率。在效率提高的同时，我们又推行了副教练制度。之所以要推行副教练制度，是因为我觉得像复制店长一样复制教练是有希望的。另外，我们还采取了收入限高的措施。我们不仅对教练阶层的收入限高，也对家族长的收入限高了。其实大家

（决策委员会的几个人）应该知道张大哥其实对利润也是有一定控制的，我不希望我们的利润太高，当然，现在我们的利润还没达到那个标准。一方面，我们让大家把自己管理的工作当成生意来做，不断地提高效率；另一方面，我们又限制了各个层级的收入上限。那么，最终利润一定会流向顾客和员工。"

第三件大事：利用家族长会议改进流程制度。"在海底捞业务范围扩大的时候，一套流程和制度就很难完全满足实际情况。因为所有的流程和制度都是在阶段性、地区性地解决问题。就比如深圳店和长春店、新加坡店和东京店，它们之间其实存在很多的不同，不能机械地套用同样的流程和制度。所以说，这个时候，我们期望用家族长会议决定我们流程、制度的改进方法，来避免问题的产生。另外，大家应该注意，在召开家族长会议的时候，要特别强调承诺书这种方式。承诺书其实是把上级管控下级的命令变成一个协议，换句话说，总部与各家族长也是可以靠协议来推进工作的，并且我觉得凭借现在的管理技术是可以做到这一点的。"

张勇总结道："如果把上面的三个变化总体比作人，很显然，决策委员会是大脑，它能够决定我们所有分公司和子公司的大事；教练在工分制和预算制推行成功的前提下，应该是心脏和肺，负责的是向整个躯体提供支持；而家族长会议就是手。如果与传统的管理模式相对应，那么我们的决策委员会、教练、家族长会议，应该对应的是总部、大区、小区。但是，这个总部、大区、小区跟传统意义上的总部、大区、小区又有点不一样。我觉得我们现在的这种方式更加严谨，因为它能够非常清晰地展现每个人的收入状况和奋斗目标，而且，通过这种改革，能够提高劳动力在企业利益分配当中的占比。"

第四件大事：调整联属公司组织架构。在"请回答2020：张磊和朋友们聊《价值》"的对话中，张勇说："新冠疫情期间，海底捞受伤最严重，九死一生。门店天天不营业，员工工资还得公司掏。我们以前的组织架构肯定是不合适的，所以说我们在停业的同时，对组织架构也不得不做一个调整。

"我们有半年的时间在一起思考，这才发现，我们以前在海底捞做的很多组织架构调整，只是针对海底捞门店做得比较透彻，但对联属公司、供应链或者其他职能部门的组织架构调整没有做得很深。所以我们这几个月静下心来一个部门一个部门地梳理，就把每一个部门的组织架构调整真真正正落实了。"

这件事简单讲就是整合归并，即理顺总部与联属公司的关系，建立扁平化的组织架构，由集团总部直接管理各分公司、子公司，将各分公司、子公司相同的部门进行合并，相同的职能归并总部一个部门管理，彻底解决联属公司存在的机构重叠、人浮于事、效率低下的问题。

张勇说："在过去，我们知道谁出钱谁就是老板，而劳动

力是会被轻视的。就是说，你在一个地方打工一辈子，当你
60 岁的时候可能什么都没有；我出了钱我就是大老板、董事
长，所以海底捞的所有荣誉自然跟我有关。但是到了今天我觉
得应该适当地提升我们劳动力的待遇，并做到员工贡献可传
承、可计算且'知识产权'不会轻易消失。如果我们把这几点
都做到的话，海底捞就会在一条正确的道路上狂奔。方向对
了，剩下的就靠我们一起加油了。"

2021 年 7 月，张勇再次来到延安，途径洛川，拜谒黄陵
祭祖寻根，再登宝塔山，瞻仰枣园，参观八路军办事处，重遇
杨家岭，游览梁家河……一路走来，触景生情，睹物思人，张
勇比平时多了一些沉默，但言谈间却又显出更多的豁达。

在离开梁家河返程的车上，同行的海底捞高层都说，张
大哥应该讲两句。张勇开玩笑地说："不好讲，也讲不大清楚。
每次我来，都想找到点什么，或者刺激自己一下。每次来，
感觉都有些相同，却又好像不是，我自己都有些搞不懂了。"
想了半天，他又说："但是这次，我感觉和以前还是有些不同
的。初心和使命，对一个餐饮企业意味着什么，对我这个海
底捞的创始人意味着什么，对我们的以后意味着什么，真的
要我们用心来思考。你我几个都晓得，现在不再是拼命让自
己脱贫致富的时候了，也不再仅仅是希望跟着我的人都能在
城里买房的时候了，甚至不再是公司扩张、上市增值，只为
赚点钱的时候了。"

　　说到这里，张勇仿佛在回忆，也在思考："我不是党员，那个时候也没机会入党。但大道相同，道路相通，走的路相通了，就能够相互成就。我们从四知路一个小摊干起，走到现在，不是我张勇多能干，也不是你们几个多不得了，我们海底捞真的就像奔涌向前的大潮中的一朵浪花，靠我们共同努力，让这朵浪花随着大潮一路向前，翻涌在时代中的一个闪光处，受到大家的关注、厚爱，如果我们飘了，随时都可能被大浪拍到沙滩上去。"

　　张勇好像来了兴致，他继续道："说到这个大潮，我们几个都要晓得，改革开放就是这个大潮，国强民富就是这个大潮，中华民族伟大复兴就是这个大潮。海底捞开始就是个火锅店，现在说好听点，是什么餐饮巨头、知名品牌、上市公司，靠服务质量和口碑起家。为了生存和发展，我们也不断创新产品、创新服务、创新标准，创造独树一帜的企业文化，打破脑壳想抢占行业浪头。现在看起来一切都还很可以。但是，这次来，让我更相信并坚定了，我们以前做得还不够，这个也怪我想得不够深。有一个核心的问题，我们都还没有搞清楚或者说没有真正搞清楚，那就是在百年未有之大变局的背景下，我们如何顺应和融入这个大势，如何在这个大势下继续找准我们的位置，始终占据时代大潮中那个闪光的位置。有为才有位，我们不能只给我们的员工讲，我们自己也要经常反思这个问题。

　　"这是二十年来，我第七次到延安，我还会再来，希望你们每次都在！"张勇对同行的海底捞高层说。

后 记

本书终于与读者见面了。

初稿形成至今，已有三个年头。这三年，世界发生了太多的变化。百年未有之大变局加速演进，全球经济疲软，一场持续三年的瘟疫，影响了整个世界，自然也影响了海底捞。形势骤变应对迟缓，门店拓展过快，管理跟不上扩张，主客观因素叠加，使海底捞面临严峻挑战。

所幸这个中餐巨人没有轰然倒下，究其原因，或许就像杨利娟所说："海底捞不会像其他企业那样产生多米诺骨牌效应，一个地方出问题，整个体系全部坍塌。海底捞是以门店为单元的企业，只要还剩一家门店，我们也会把它开起来！"

这三年，海底捞重点抓了两件大事。

第一件大事是将海底捞海外业务剥离，组建了特海国际控股有限公司，并在香港成功上市。

特海国际控股有限公司（股票代码：HK09658）由海底捞国际控股有限公司（股票代码：HK06862）分拆独立，负责海外市场业务运营。特海国际股票于2022年12月30日上午9时开始在香港联交所交易，每手买卖单位1000股。特海国际招股书显示，该公司是自营餐厅品牌，主要收入来源于国际市场（中国大陆及港澳台地区以外的全球市场）运营海底捞火锅餐厅、提供外卖、销售火锅调味品及食材。随着海底捞海外开店数量不断提升，公司旗下餐厅客流量也实现触底回暖。2021年起客流量显著提升，2022年上半年增幅同比增长超一倍。据沙利文报告，按照2021年年收入计，特海国际是国际市场上第三大中式餐饮品牌，且为国际市场上源自中国的最大中式餐饮品牌。按截至2021年12月31日自营餐厅覆盖的国家数目计，特海国际也是国际市场上最大的中式餐饮品牌。

特海国际招股书显示，截至2022年12月2日，特海国际仅有四家餐厅尚未达到首次盈亏平衡，其中只有三家餐厅经营超过六个月。若特海国际未来能在保持良性业务扩张的同时，展现出较好的盈利能力，该公司未来的发展前景值得看好。

第二件大事是强化内部管理。海底捞高层认为，管理跟不上业务扩张步伐，是导致海底捞出现危机的主要内因。作为一个草根起家、积累了大量实战经验的餐饮企业，海底捞及时在内部管理及奖惩激励上作出了以下重大调整。

恢复大区制度。恢复设立大区经理，赋予其相当的自主权，强化对各大区的管理，着力解决区域扩大、门店增多、总部鞭长莫及的问题。

强化内部 PK，多层次开展竞争。首先是区域之间进行 PK。按照规则，一个阶段的 PK 结束后，要在抱团工作大会上公布 PK 结果，举行奖惩仪式，张勇、杨利娟等向胜方颁发勋章和红围巾。同时，败方向胜方献礼，败方区域经理同集团 COO 签订限期改观的军令状。其次是店经理之间进行 PK。经营状况相当的门店结对 PK。在奖惩仪式上，败方经理要向胜方经理送上祝贺红旗，并表示"恭喜恭喜我不灰心，恭喜恭喜我不服气，恭喜恭喜我会努力"；胜方经理同时表示"我们一起努力"。

鼓励各类吐槽。首先是鼓励顾客向海底捞吐槽。在 2023 年 4 月成都抱团工作大会上，海底捞邀请了 500 余名顾客代表出席。其间，张勇、杨利娟、施永宏等分若干小组面对面听取顾客对门店选址与装修、产品开发、个性化服务、会员管理、店长选拔与培养等方面的意见和建议，首度采用管理高层与顾客面对面交流的方式，以更全面的视角审视自身发展，更精准地把握当下消费需求。其次是鼓励店经理向 CEO 吐槽。针对公司的经营管理，包括组织架构、人力资源管理、菜品开发与生产配送、KPI 设置与考核、激励机制与政策设置等，店经理面对面向 CEO 杨利娟提意见甚至倒苦水，只说问题，不说成绩，通过这种方式全面、客观地收集一线管理者了解和掌握的真实情况。

创新产品开发。海底捞决定，赋予各大区、各门店在菜品选择和产品开发上一定的自主权，以便让菜品更适合不同顾客的胃口，满足顾客多元化的用餐需求。2023年4月，海底捞组织超过600名资深"捞粉"一同品鉴海底捞2023春夏新品。这次新品品鉴体现了三大特点：食材混搭升级，打造新品准爆点；与顾客共创新品，有效提升爆款打造力；主动缩短沟通半径，把握消费复苏关键期新机遇。

推出"硬骨头门店攻坚计划"。2023年起，针对在"啄木鸟计划"实施过程中暂时关停的门店，海底捞开始实施"硬骨头门店攻坚计划"，对可能复苏的门店逐一分析、开小灶。张勇、杨利娟亲自出马，逐一解剖，对重点区域、问题门店实行一地一策、一店一策，推动实现宏观战略与微观操作协同一致、标准化与差异化并行不悖，为海底捞整合了资源，稳住了基本盘，注入了新动力。

三年来，海底捞经历了一次大考，我对海底捞的认识和理解也达到了一个新的层次。一个成功的企业，必然有其成功的秘诀，也必然要经历起伏跌宕，甚至血雨腥风。战战兢兢、如履薄冰，坚定朝着既定目标勇毅前行，只要死不了，就要向前爬，或许就是现在还活着的成功企业的一个共同特点吧。一个个企业诞生，一个个企业成长，涓滴成溪，汇流成河，它们最终将会汇聚成推动经济向高质量发展不断迈进的磅礴力量。时间见证一切，历史证明一切，祝愿海底捞以及如海底捞这样的企业基业长青、事业长虹！